マヌ法典

ヒンドゥー教世界の原型

渡瀬信之

本書は、一九九〇年二月二十五日、中央公論社より「中公新書」として刊行された。

文庫化にあたり、『マヌ法典』からの引用および一部の用語については、渡瀬信之訳注『マヌ法典』（東洋文庫、平凡社、二〇一三）の記載に改めた。

共有するとみなされたからであろうか。とりわけ死が生じるとき、その汚れはかれらから葬送儀礼以外のいっさいの儀礼を行なう資格を奪い、かつかれらを不可触にしてしまう。それゆえにこの種の汚れと清めは人々の重大関心事であった。

誕生と死によって近親者が影響を受ける汚れは、通常アーシャウチャと呼ばれる。人は日常生活において絶えず汚れによる汚染に晒されているが、アーシャウチャの汚れの強さは、不浄な人間や物に触れたり、あるいは不浄な食べ物を食したりした場合にもたらされるそれよりもはるかに大きいとみなされていた。後者の場合、その汚れは水を啜るアーチャマナや沐浴あるいは聖句の低唱(ジャパ)などで清められたが、アーシャウチャの場合、清められるまでには多くの日数を要した。

とりわけ強い汚れを引き起こすとみなされたのは死によるアーシャウチャである。この主題に関する記述もまた文献によってさまざまであるが、『マヌ法典』によれば次のようである。親族の死は乳児であれ成人であれその全親族を汚れによって汚染する。しかし直接的に汚染されるのはサピンダである。しかも死者がブラフマニズム世界に加入するための入門式(ウパナヤナ)を終えているときがその度合いは強い。サピンダ関係にある親族は、ブラーフマナの場合で十日、クシャトリヤ、ヴァイシャ、シュードラの場合でそれぞれ十二日、十五日、三十日の間不浄となる。この期間は葬送に係わるさまざまの儀式が行なわれるが、その他の祭式儀礼は取り止めになる。規定の不浄期間が終わると、ブラーフマナは水に触れることによって、クシャトリヤは騎乗用の動物もしくは武器に、ヴァイシャは突き棒もしくは手綱に、シュードラはかれの杖に触れることによってアーシャウチャから解放され、清められる。

入門式前の子供の場合は一人前に扱われない。葬儀にしても二歳未満のときは火葬（アグニクリヤー）も水の献供（ウダカクリヤー）もなく、村の外の清浄な場所に埋葬されるかあるいは森に丸太のように遺棄される。二歳から三歳までは火葬はされるが水の献供はない。不浄期間も短く、死者が剃髪式前の子供（三歳未満）のときは一日、剃髪式後入門式前の子供のときは三日で終わる。

また遠隔地に住むサピンダの死については、規定の不浄期間内にその死を聞くときは残りの日数が不浄期間であり、規定期間を過ぎて聞くときは三日の不浄となる。一年を越えてから知るときは沐浴のみによって清められる。歯が生えていない子供やサピンダでない者の場合は清めは衣服のままの沐浴とされる。

死者がサピンダでない場合でも関係が近いときは汚れの影響を受けるが、この場合の汚れの度合いはサピンダの死にくらべればずっと弱い。汚れに冒される期間は一日から三日までの間である。師（アーチャーリヤ）、ヴェーダに精通するシュロートゥリヤの死に際しては三日、母方の伯叔父、弟子、家のリトゥヴィジュ祭官、遠い親族の場合はその日の昼から翌日の昼までの間、師の息子あるいは妻の場合は一昼夜、シュロートゥリヤでない親しい人間およびヴェーダとその補助学問に精通するグルの場合は一日が不浄期間とされる。また娘であっても婚約したならば関係は遠くなるとみなされたようである。婚約して結婚式前に死んだ娘の場合は、娘の父方の近親者は婿と彼の近親者と同等に三日の汚れを受けるに過ぎない。

一部の人間についてはアーシャウチャの規定は適用されない。たとえば、生まれた甲斐のない者、結婚に関する規定を破って生まれてきた者、遍歴者の仲間に身を投じた者、自殺者、異教徒のもとに走った女たち、不貞な女、堕胎した女、夫殺し、スラー酒を飲む女などが挙げられる。

誕生に伴う汚れは、誕生する子供には強く作用したが、近親者については死の汚れほどには強く作用しないとみなされたようである。それへの言及は付足し的で、完全に第二義的でしかない。この汚れに巻き込まれるのは母と父の二人であり、実質上母のみである。母は死の場合と同じく十日の不浄期間を過ごさねばならないが、父は沐浴によって清浄になると言われる。父と他のサピンダは、完全な清浄を望む限りにおいて死と同様の不浄期間に服すればよかった。

このように、とりわけ死によって引き起こされる汚れに巻き込まれるとき、人々は長い日数、いっさいの活動を停止される。しかしながら諸活動の停止は最小限に止められるべきであった。本書の前の方で述べたように、ダルマ文献の作者たちは常に現実との調整に配慮した。今の場合もそうである。不浄の期間は引き延ばされてはならない。いたずらに期間を延ばしヴェーダ学習や祭式儀礼その他の日々なすべき業務がおろそかにされてはならないからである。

たとえば不浄期間中に新たな死が生じる場合でも、規定の期間内であれば残りの日数がそれに対する不浄期間であるとされた。また、日常の活動が停止されてはならない人間もいた。王あるいは特定の誓戒（ヴラタ）を実行中の者あるいはサットラと称せられる祭式に従事している者があっさりとアーシャウチャの規定から外される。王の玉座はインドラ神のそれであり、後の二人はブラフマンに等しいというのがその理由である。

しかし実際の理由は、後者についてはヴラタあるいはサットラの連続性がより重要視されたからである。どうしても中断せざるをえないときは、そのような中断はヴラタの中断を意味しないとさえ宣言される。王の場合の理由はもっと現実的であった。王の第一の仕事は人民の守護である。そのために日々紛争を裁き、領内の治安に心し、犯罪者の根絶に努めるべきであるとされる。十五日間、これらのいっさいの業務を停止することは現実として許されないことであったろう。またヴェーダ祭式のための祭火を設置しているアーヒタ・アグニは、日々のアグニホートラの実行を中断してはならない。このためにアグニホートラ中のかれは清浄であると理由づけられた。また師の下で修業中の学生もその修業を停止してはならない。かれの場合は、学生を終えたときに死者に対して水を献供する儀式を行ない三日間断食をすることによってサピンダの死による汚れから清められるとみなされる。

食事マナー

家長の食事は、五大祭儀におけるヌリヤジュニャを終えてから始められる。家長はけっして己れのために食べ物を料理してはならないし、またいっさいが食べ終わる前に食事を摂ってはならない。食事のマナーに関してはさまざまの文献がさまざまに記述しており、次に紹介する『マヌ法典』の記述は一例にしか過ぎない。

一日朝夕二度の食事が定着しているが、この慣習が言及されるのはブラーフマナ時代の中後期からである。食事時間についての言及はないが、早すぎる食事、遅すぎる食事あるいはサンディヤーにぶつかる時間の食事は禁止される。いずれにせよ適時に食前の清めの沐浴をしたならば、上下の衣服をきちんと身に着け、アーチャマナを行ない、東を向いて席に座る。東を向いて食事するのが一般的なようだが、どの方向に顔を向けるかにも意味がある。東を向いて食事するときは食べ物は長寿をもたらし、南を向くときは名声を、西を向くときは繁栄を、そして北を向くときは真実をもたらすと信じられた。席に座ったならば心を統一し、運ばれてきた食べ物を見たならば喜び、満足し、祝福の言葉をかけて敬う。食べ物は尊ばれるときは体力と精力を与え、尊ばれないときはこれらを破壊する。それゆえにけっして食べ物を非難してはならない。食事の最中は右腕は露出し、沐浴の水でまだ足が濡れているうちに食事する。そうすることによって長寿が得られるからである。食事が終わったならば、再びアーチャマナを行ない、頭部の孔《あな》（目、耳、鼻）に水を振り掛けて身を清める。アーチャマナをしないうちはどこにも出かけてはならない。しかし食後すぐの沐浴は避けるべきである。

食事は妻と一緒にしてはならない。その理由は述べられないが、関連の記述から判断すれば、知力や精力などの消失を防ぐためであろうか。間食してはならない。また大食は慎むべきである。朝に食べ過ぎたならば夕は食べないようにする。大食は健康、長寿、天界、功徳をもたらさず、逆に世人の憎しみを買うことになる。壊れた食器、汚れた食器を使用してはならない。ベッドに横になったまま、あるいは座席や膝に食べ物を置いて食べてはならない。あるいはまた容器を介せずに手や座席に置かれたものを食べてはならない。太陽が没した後は胡麻の混じった食べ物を食してはならない。

禁止される飲食物

食生活に関して最も注意が払われたのは、マナーよりはむしろ摂取する食べ物についてであった。どのような食べ物を避けるべきか、そしてどのような人間から食べ物を受け取ってはならないか。この二つは、古来、ブラーフマナたちの大きな関心事であり、ダルマ文献の作者たちは、それらについて神経質と思われるほどに細かなリストを作成してきた。

飲食物に関するタブーは、古代インド人に特徴的な浄・不浄観および罪観念と不可分であった。『マヌ法典』の作者が確立しようとしているヴェーダ＝ダルマの価値世界は、不浄（汚れ・罪）を排除し、清浄を保持することを本質としている。このような状況のもとで、飲食物は浄を侵す直接の媒体のひとつとして捉えられ、飲食物を介して汚れないし罪が移されることに特別の注意が払われた。

聖賢リシたちはマヌの子のブリグに向かい、自己の天職を守り学問に励むブラーフマナたちを死神はどのように支配するかと問う。ブリグは、ヴェーダを復唱しないこと、定められた行動の規則を無視すること、怠惰そして第四番目に飲食物に関して罪を犯すことによって死神はブラーフマナの命を奪おうとすると答え、摂取されるべきでない飲食物を列

挙する。それらを『マヌ法典』の諸処に散見される他の禁止飲食物をも交えて紹介すると、

野菜・果実

にんにく。にら。玉葱。茸。不浄な土壌から生じるもの。シェール果実。

肉

猛禽類。村で飼われている鶏その他の鳥。雀。鶴。鸚鵡《おうむ》。椋鳥《むくどり》。啄木鳥《きつつき》類。水鳥。爪で餌を切り裂いて食べる鳥。潜って魚を食べる鳥。蒼鷺《あおさぎ》。渡り鳥。単独で行動する鳥。判別できない鳥。

単蹄動物。魚を食べる動物。畜豚。屠畜場の肉。乾肉。五爪動物（やまあらし、針鼠、大蜥蜴《おおとかげ》、犀、亀、兎を除く）。駱駝。

供犠用でない肉。

魚

すべての魚類。

飲み物

酒。

駱駝、単蹄動物、羊、交尾期の牝牛、仔牛を連れていない牝牛、出産後十日に満たな

い牝牛の乳。水牛を除く野生動物の乳。妻の乳。
赤い樹液。樹の切傷から流れ出ている樹液。
不浄物と接触した飲食物
月経中の女が触れたもの。鳥がついばんだもの。犬が触れたもの。頭髪や虫が混入しているもの。牛が匂いを嗅いだもの。くしゃみがかかった食べ物。意図的に足が触れられたもの。ブラーフマナ殺しに見られたもの。産後の女に用意されたもの。死による十日の汚れが過ぎていない家の食べ物。
特定の供犠での食べ物
シュロートゥリヤでない者、村全体を相手にしている司祭、女あるいは去勢者によって執り行なわれる供犠の飲食物。
その他
夜を越したもの。酸っぱくなったもの。不快感を与える食べ物。自分の楽しみのために料理した胡麻入り御飯、麦粉菓子、砂糖菓子、牛乳粥。献供される前の神々への食べ物および供物。敬われないで出された食べ物。学識者が非難するもの。
これらの飲食物は単に摂取を禁止されるだけではなく、それらを食すれば罪に汚されるとみなされる。そのことについては後に罪と罪の除去の章において見るであろうが、例えば、酒の中でもスラーと呼ばれるラム酒を飲むことは罪の中でも最悪とみなされる五つの大罪のひとつに数えられ、場合によっては死に通じる罪の除去が命じられる。また茸、にんにく、玉葱、にら、あるいは畜豚、畜鶏の六種は特記され、ブラーフマナがこれらを意図的に食するときはパティタとなりブラーフマナの身分を失って社会から排除される。また意図的でない場合でも特定の厳しい罪の除去が命じられる。さらには、知らずに禁食を食しているかもしれず、そのために一年に一度はクリッチュラと呼ばれる罪の除去を実行することが勧められる。

飲食物の受け取りを禁止される人間

ブラーフマナは飲食物を供してくれる相手の人間についても十分に慎重でなければならない。『マヌ法典』が想定するようなオーソドックスなブラーフマナは、家族持ちであればもちろん普通は家庭で料理されるものを食するが、同時に供犠に招かれて食事を摂ることも多かった。また家庭を持たずにヴェーダに専心するブラーフマナのような場合は乞食《こつじき》によって飲食物を受け取った。こうしたときに注意を払うように命じられるのは、飲食物を受け取る相手の人間がどのような種類の人間であるかであった。たとえ食べ物それ自体は不浄でなくともそれを供する人間を通じて汚れや罪が移行することを恐れたのである。

飲食物の受け取りを回避するべき人間のリストは、前に見た祖霊祭においてそうであったように、正統ブラフマニズム世界における一種の人間観を垣間見《かいまみ》させてくれるであろう。ブラーフマナが食を受け取ることを拒否した人間は次のような者たちであった。

(一) 大工。金貸し。医者。猟師。鍛冶屋。金細工師。竹細工師。武器売り。犬の調教師。造り酒屋。洗濯屋。染物屋。仕立屋。皮職人。役者。歌手。遊女。同業組合。泥棒。屠畜者。油絞り。酒屋。遊女屋の経営者。

(二) 去勢者。けち。両性具有者。病人。不貞な女。男子を持たない女。金のために祭式を行なう者。偽善者。残酷な人間。敵意を持っている人間。有害な人間。密告者。嘘つき。恩知らず。酔っ払い。家に妻の情夫を置いている男。妻に情夫のいるのを黙認する男。妻の言いなりになっている男。大罪を犯して所属身分(ヴァルナ)を失ったパティタ。残飯をもらって暮す者。縛られている者。足枷《あしかせ》をはめられている者。

(三) 前世の罪による疾病あるいは身体的な欠陥を有している者。

(四) シュードラ。ニシャーダ。ウグラ。都市の長官。王。

こうした人間は何らかの基準で罪深いかあるいは汚れを有していると判断されており、それゆえに、かれらの食べ物を食することによって汚れが移行し、さまざまのメリットが破壊されることに注意を払わねばならない。たとえば、金細工師のそれは寿命、洗濯屋のそれは体力、王の食べ物はテージャスと呼ばれる威力、シュードラのそれは崇高な精神的光輝ブラフマヴァルチャサをブラーフマナから奪うと信じられた。また、医者の食べ物は膿、不貞女のそれは精液、金貸しのそれは糞、武器売りのそれは汚物と同等であると言われ、他の人間についても、その食べ物は皮膚や骨あるいは毛髪に等しいとみなされる。

後代のカースト制度の最も顕著な特徴のひとつは、上位カーストは下位カーストから飲食物を受け取らないことであると言われる。『マヌ法典』においては、いまだ、飲食物の受け取りについてのタブーは身分の上下関係のなかに持ち込まれていない。身分すなわちヴァルナに関連して言えば、ブラーフマナが拒否するのはシュードラのみであり、クシャトリヤおよびヴァイシャについては禁止はない。また飲食物の受け取りに関する規定はブラーフマナのものであって、クシャトリヤあるいはヴァイシャについては意識されていなかった。

しかしながら、ダルマ文献が正統ブラフマニズム世界の在り方を主としてブラーフマナの行動規範を確立することを通して理念化して以来、常に、ブラーフマナの規範は下位ヴァルナにとっての模倣すべき行動の標準となっていたことに注意せねばならない。これに加えて、『マヌ法典』においては、確かに、上述のようなさまざまの職業がカースト化される方向を見せ始めている。職種による飲食物の受け取りの拒否が、カースト関係のなかに持ち込まれる下地は出来かけていたと言ってよい。

肉食

『マヌ法典』の食生活に関する関心はさらに肉食に及ぶ。私たちの多くは、ヒンドゥー教徒と菜食主義とは切っても切り離せない関係にあると思い込んでいる。そのこと自体は間違いではないが、ヒンドゥー教徒のすべてが菜食主義者であるわけではない。菜食主義は主としてブラーフマナとジャイナ教徒の中に生き続けてきた伝統であり、しかも菜食主義の中身もさまざまである。肉食はもとより卵すらも避ける厳格な人間から、卵は食べる人、牛肉以外の肉は食べる人も広い意味での菜食主義者の中に含められる。

肉食は初めは禁止されていなかった。最初期の『リグヴェーダ』の時代においては肉は御馳走であり、結婚式などでは牛が殺されその肉が振る舞われた。

一般には菜食主義の代表格に思われている仏教やジャイナ教においても、それらの開祖である仏陀やマハーヴィーラが肉を食していた事実が知られている。仏陀が鍛冶工のチュンダから受け取った柔らかい豚肉で出血と下痢を起こし、それが原因でクシナガラで涅槃《ねはん》に入ったという物語、あるいは重病のマハーヴィーラが猫に殺されて一夜を経た鶏の肉を食べて回復した話は有名である。肉食は、自分のために殺されたのでないことなど一定の条件付きで認められていた。

正統ブラフマニズム世界においても、仏教やジャイナ教の興起と時代が重なるダルマ・スートラにおいて、浄・不浄および罪の観点から食し得る肉と食してはならない肉が区別されるが、肉食そのものは禁止の対象にならなかった。『マヌ法典』もこの伝統を受け継ぐ。そこでは、創造主は生命あるものに対していっさいを食べ物として用意したがゆえに、動・不動のいっさいは生命あるものの食べ物であり、食してよいとされる動物であればそれらを毎日食しても罪にはならないという基本原則が表明される。

しかしながら、肉食禁止の趨勢は着実に進んでいたかのようである。右の基本原則の適用は、実質上、それを許す規則にしたがう場合にのみ限定されるようになる。供犠すなわち祖霊祭において肉を供物として献じ招待客に振る舞うのは古来からの伝統であり、この慣習は守られてよいとみなされた。実際に、祖霊祭においては最上の肉が供物として推奨され、どのような肉によってどれ程祖霊が満足するかが事細かに語られる。また招かれた客のブラーフマナはさまざまの固い食べ物や柔らかい食べ物、根、果実そして香り良い飲み物と並んで風味ある肉でもてなされるべきであることが告げられる。そして一般的に、買ったのであれ、自らが用意したのであれ、あるいは他人に供されるのであれ、神々あるいは祖霊に供物として献供し、敬った後に肉を食するのは罪にならないことが宣言される。供犠以外においても、生命にかかわるなどの窮迫時においては肉を食してよかった。これらの理由以外においては、肉食は禁止される傾向にあった。

だが肉食忌避の勢いは、供犠における肉食をもはや聖域でなくしていく。『マヌ法典』は、規則にしたがって供犠に招かれながら、供された肉を食べないときは死後二十一生のあいだ動物に生まれると警告する。この警告は伝統的な供犠と肉食との強い結び付きを語るとも解釈されるが、むしろ、供犠においてすら、次第に、供される肉を食べることを拒否する人間が多くなってきたことを物語っている。

『マヌ法典』は、創造主は生命あるものに対して動・不動のいっさいを食べ物として用意したことを宣言したにもかかわらず、遂には高まり行く非肉食の動きに呼応せざるを得なくなり、あきらかに供犠における場合をも含めた肉食の全面禁止を併記する至る。肉食禁止の動きは次に述べる不殺生思想と密接に関係している。生き物の殺害は天界に導かない。肉は生き物を殺害することなく手に入れることは出来ない。それゆえに肉は避けられるべきである。結局肉食については次のように結論が下される。

肉の出所および生き物の殺害と捕縛のことをよく考えて、いっさいの肉食を断つべし。（五・四九）

いっさいの肉食とは、伝統的な供犠における肉食の禁止をも意味した。『マヌ法典』は、規定などというもののいっさいを無視する悪鬼ピシャーチャのように、規定を無視してすら肉食を断つことを勧告する。これによって、たとえ祖霊祭において肉が供せられようが、そしてその肉を食することが古来のしきたりであろうが、肉は拒否されるべきであった。その代償として与えられたのは、非肉食によって得られる大いなる果報である。肉を食さない者の得る果報は、アシュヴァメーダ祭を百年のあいだ毎年実行することの果報に等しいとされ、また清浄な果実や根あるいは聖者ムニの食べ物を食することよって得られる果報にも勝ると謳われる。

不殺生

肉食の回避に決定的な影響を及ぼしたのは不殺生思想の高まりであった。不殺生はアヒンサーというサンスクリット語の原名でもよく知られている。この思想は、ガンディーが独立運動に際して採用した非暴力主義を通じて世界に広く知られるようになり、菜食主義とならんでヒンドゥー教徒とは切っても切り離せない関係のように考えられている。

不殺生は単に生き物を殺さないことのみを意味しない。人間および動植物を含めてすべての生命あるものに危害を加えないことを意味し、「殺すこと」は殺生の最も極端な現れである。

不殺生思想の起源は、ヴェーダ祭式の盛んであった時代、祭式に伴ってさまざまな形で生命に加えられる危害、犠牲の動物の殺害、草や木の切断、祭柱を地面に埋め込むときの生き物の殺生等々によって引き起こされるこの世とあの世での報復に対する畏怖に求められている。やがて伝統的なヴェーダ祭式の世界から脱却した禁欲・出家主義をとるブラーフマナたちの手によって、不殺生は祭式の文脈から切り離され、倫理道徳の徳目としてかれらの間で重大視されるようになる。仏教とジャイナ教もまたそうした不殺生思想を受容した。

不殺生思想の高まりは、伝統的なブラフマニズム世界をも巻き込んでいく。しかしながら、この世界は禁欲・出家主義者たちの世界ではない。さまざまの職業や生活慣習を持つ実に多様な人間の集まっている世界である。たとえば農業を営む人間に、あるいは罪人を鞭打ち、殺すことさえする王やクシャトリヤに対して、ただちに不殺生を強要することは出来ない相談である。それゆえに不殺生はまずとりわけブラーフマナの徳目とされた。

『マヌ法典』は、ブラーフマナはヴェーダの教授とかあるいは司祭職などのブラーフマナに相応しい職業に従事して、生き物に危害を与えず、与えても最小限に止められるような生計の立て方をするべきであることを説く。どうしてもそのような生計が立てられないとき、ブラーフマナには農業あるいは商業に従事することが許されるが、先端に鉄を取り付けた鋤が大地と大地に住む生き物に危害を加えることを理由に、努めて農業に従事することは避けたほうがよいとされた。

いずれにせよ、日常生活一般において、生き物に苦痛を与えないことは基本的な徳目とされた。動植物に好んで危害を加える者はしばしば非難の対象となる。逆に不殺生の実行には究極の至福の獲得と天界の征服が約束される。ひとはこの世においてダルマ（善行による功徳）を積み上げ、それを孤独な死後の世界の伴侶とすべきであるが、ダルマの蓄積はいっさいの生き物に苦痛を与えずになされることが大事とされる。

贈物の授受

贈物を受け取ることは、創造主によってブラーフマナに授けられた特権であり、正当な生計手段のひとつである。ブラーフマナは供犠に招かれることが多いが、そのときは必ず贈物を受け取った。また自らの供犠あるいは婚礼のために贈物を乞うてもよいとされる。

いっぽう、贈物は贈与者を罪から解放し、種々の果報を授けると信じられていた。どのような贈物がどのような罪から解放するかは罪と罪の除去の項を参照してもらうとして、『マヌ法典』は次のような贈物の果報を例証する。水は満足、食べ物は不滅の幸せ、胡麻は望ましい子孫、穀物は永遠の至福、灯火は最高の視力、黄金は長寿、銀は最高の容姿、土地は土地、家は最高の住居、牡牛は完全な繁栄、牝牛は太陽の世界、馬はアシュヴィン双神の世界、衣服は月の世界、乗物と寝台は妻、無恐怖は主権そしてヴェーダの知識はブラフマンとの合一を果報として授けると言われる。中でもヴェーダの知識の贈物は最も優れているとみなされる。それゆえに、ブラーフマナのそれも相応しい受け手が見つかるときは、常に喜びを持ち、最善を尽くして贈物をするべきであった。

しかしながら、贈物の受領は危険を孕んでいる。ブラーフマナは贈物を受け取ることに慎重であらねばならないし、けっして執着してはならない。食べ物の授受が汚れを媒介すると同じように、贈物によってもまた汚れが移る可能性は大きかったからである。それゆえに贈物の受領は、本来、贈物に関する規則について熟知している限りにおいて許されるべきものである。もしも熟知していないときは、たとえ飢えに苦しんでいてもけっして受け取ってはならない。無知からいたずらに贈物を受領する者は、寿命、身体、視力、皮膚、威力、子孫を焼かれ、あるいはまた石舟のように水中に没し、牛のように泥沼に沈む。贈物に執着するときはブラーフマナに蓄積される神聖な光輝が消滅するであろう。贈物を受け取ることを恐れるべきである。また供犠のために贈物を乞うたとしたら、受け取ったすべてをその供犠のために消費せねばならない。それ以外のことに使うようなことがあれば百年の間バーサ禿鷹もしくは烏となる。

かくして贈物を受け取る相手は十分に厳選されるべきであった。回避される人間は、祖霊祭に招かれるべきでない人間とほぼ重なるであろうが、王、屠畜者、油絞り、酒屋、遊女屋を営む者が罪深い人間とし特記される。ダルマ文献の作者たちは、一方において王に対してブラーフマナを扶養し、ダルマの遂行が滞らないようにすることを義務づけながら、他方において王からの贈物を忌避する。『マヌ法典』は王は一万の屠場を有する屠畜者に等しいと言う。

その他の諸行動規則

以上においては、家長の日常生活における最も基本的な事柄について述べてきたが、これらの他に実にさまざまな行動の準則がときとして細かすぎると感じられるほどに事細かに、しかし雑然と記述される。それらは、浄・不浄、健康、安全、エチケット、禁欲その他のさまざまな理由から規定される。次に列挙するのはそれらの一部である。

まず浄・不浄の観点から規定される行動が目につくのは当然である。それらは生理現象による汚れを清めること、および不浄との接触を回避することに分類される。身体は十二の汚れ（マラ）を持つとされる。脂肪、精液、血、髄、大便、小便、鼻汁、耳垢、痰、涙、目やに、汗である。これらの清めには、土あるいは水が適宜に用いられる。たとえば、小便に際しては、土を用いて左手で局部を一度、大便に際しては尻を三度清めた後に、左手を十度そして両手を七度清める。用便後はアーチャマナを行ない、身体の腔（耳、鼻、目、心臓、臍）に三度水を注ぎそして二度口を拭う。女性とシュードラは各一度ずつとされ、また学生、林住者、遍歴者はそれぞれに家長の二倍、三倍、四倍の清めが必要とされる。その他くしゃみをしたり、吐いたり、唾をしたりあるいは睡眠から覚めたときはいずれもアーチャマナを必要とする。

不浄との接触の回避については、とりわけヴェーダ学習、祭式および食生活において注意が払われたが、それについては先に見た通りである。その他にも日常生活において起こるであろうさまざまな出来事について言及される。祖霊祭に関連して挙げられた不浄とみなされる人間に触れてはならない。触れるときは沐浴によって清める必要がある。頭髪、灰、骨、陶器の破片、綿の実、籾殻《もみがら》の上に立ってはならない。そのことは長寿を失わせるであろう。沐浴用の水、大小便、血、唾、吐いた物を踏んではならない。そうした汚物は家から離れた場所にきちんと処理すべきである。精液を放ったときは沐浴せねばならない。また他人によって使用された靴、衣服、聖紐、装身具、花飾り、水壺を使用してはならない。他人が私用に造成した沐浴場で沐浴することも避けるべきである。そうすることによって持主の罪の一部によって汚されるからである。茶毘《だび》の煙も見つめてはならない。

不浄を避けるということは、同時に、自らが、不浄なものを清浄なものあるいは神聖なものと接触させてはならないことを意味する。大小便、唾、不浄物によって汚されたもの、血、毒を水や火に投じてはならない。火を口で吹いてはならない。不浄なときに牛、ブラーフマナ、火に触れてはならない。足を牛、神像、ブラーフマナに向けてはならない。火、太陽、月、水、ブラーフマナ、牛に向かってあるいはそれらを見つめながら放尿してはならない。それをすれば知力が失われることになろう。

安全という見地から定められたであろう行動の準則も目立つ。食後、病気中、深夜に沐浴してはならない。未経験の水場で沐浴してはならない。排便の際は頭を覆うなり、危険な場所を避けるべきである。旅にでかけるときは特に安全に気を払う必要がある。一人で旅すること、未調教の動物やその他危険が予想される動物を使って旅をすること、空き家に一人で寝泊りすること、見通しのきかない通行困難な場所に立ち入ること、泳いで河を渡ること、ダルマが守られていない村、病気が蔓延《まんえん》している村あるいは山中に長く留まること、シュードラが王の国、人々がダルマを守らない国、異教徒あるいはガナの勢力下にある国、最下層の人間たちに悩まされている国に住まうこと、これらの事態を避けるべきである。

『マヌ法典』は、先に述べたように、人間の本能的な部分を肯定すると同時に、感官の対象に対する執着の抑制を人生の成就のための最大の要件であるとみなす。その意味において禁欲的な日常生活が推奨されたが、このことは根本的でありそれゆえに自明あったからであろうか、具体的な指示は少ない。好奇心を持ち過ぎてはならないこと、踊り、歌、楽器演奏、博打をしてはならないことなどが規定される。

エチケット上の規定についても、食事に関する他にも随分と細かい。手足を打ち鳴らしてはならないとか、歯ぎしりをしてはならない、興奮して大声を出してはならない、頭を叩いたり両手で掻いてはならない、頭髪を摑んだりしてはならない、爪を歯で噛んではならないなどが列挙される。

生計

各ヴァルナは、第一に、創造主ブラフマンによって定められた天職、正業を生計手段とするべきである。

ブラーフマナの場合は、正規の生計手段はヴェーダの教授、司祭職および贈物を受け取ることである。なかでも最善とみなされるのはヴェーダの教授であった。『マヌ法典』は次のように言う。

ヴェーダの独詠を妨げるいっさいの事柄を放棄し、一方、なんとかして〔ヴェーダを〕教授すべし。なぜならば、彼にとってそれが目的の成就だからである。（四・一七）

それに対して贈物を受け取ることは最も下等であるとみなされた。最初の二つは入門式によって清められた人々に対してのみなされるのにたいして、贈物は清浄でない人間から受け取る可能性があるというのが理由であった。しかしヴェーダの教授および司祭にしても、生計手段には違いないが、予め授業料なり司祭料なりを決めて教授し、あるいは祭式を執行することがあってはならない。いずれの場合においてもダクシナーと呼ばれる一種のお布施として金品は支払われたのであり、金銭でヴェーダを売買することは厳に戒められ、それをするときはウパパータカと呼ばれる準大罪の罪を負わねばならなかった。
ブラフマンによって定められる正業に従事することが原則であり、またいかに「なんとかしてヴェーダを教授すべし」と訴えようとも、実際にはそれは理想のひとつでしかない。この事実を事実として認めざるを得ないこと、ブラーフマナのすべてがヴェーダの教授と司祭職に就くことの不可能を知っていたのは他ならぬダルマ文献の作者たちであった。かれらはかれらの志向する理念と現実との間のギャップを調整するために、「窮迫時の規定」の理論を創り出していた。正業によって生計を立てられないときは、この理論にしたがって三つの生活法を選択肢として例示する。一つは、一定条件付きでヴァイシャの正業を生計手段とすることである。この場合特に推奨されたのは商業である。農業は生き物を殺すためにできれば避けるべきであった。商業の中でも、金貸しは、ダルマのためであれば非常に罪深い人間に僅かに貸すという条件付で認められはしたが非難の対象とされた。二つめは、穀物、木の実あるいは果実を拾い集めて生活することである。この生活は本来は禁欲・苦行者によって励行されるものであるが、苦境に陥っても他のヴァルナの職業に就くことを潔しとせず、ブラーフマナとしての生活を貫こうとする場合に推奨された。そして三つめは贈物を受け取るというブラーフマナの特権を行使することである。この特権は、通常は極めて厳格な制限のもとに行使されるべきものであるが、窮迫時に際しては、相手と物を選ばず受領することが認められた。しかしそれでも出来る限り避けられるべきであった。

またブラーフマナは、いかなる生計手段を取ろうとも心得ねばならない二つのことがある。生き物に危害を加えないことと富に執着しないことである。富に関するつましさと清廉さは特に要求された。穀物を穀倉に満たすことも可であるが、三日分の穀物にとどめる方がもっと良く、明日のためだけの分しか所持しないことはさらに優れているとみなされる。『マヌ法典』は富の蓄積は生活の糧のみのためであるべきことを訴え、いっさいの清浄の中で、富に関する清浄は最高であると謳う。

正業についているブラーフマナあるいは窮迫時の規定の適用内にあるブラーフマナの他に、実際には、実にさまざまな職業に従事する多くのブラーフマナがいたようである。前に祖霊祭に招いてはならない職業の人間を列挙したが、あれはすべてブラーフマナたちである。その職業を見れば、医者、商売人、王の召し使い、金貸しをはじめとして、ほとんどあらゆる分野にわたっていることが知られる。

王およびクシャトリヤの正業は人民を守護し、治安を守ることである。各自のヴァルナに相応しい生き方をしている者たちを守護し、国の「刺《とげ》」と言われる悪人を取り除き、人民の守護に専心する王は天界に到達すると謳われる。王は守護の見返りとして税（カラ、バリ、シュルカ）を徴収するが、これが国庫となる。税は商品や農産物あるいは家畜に対して一定の割合で掛けられた。五十分の一税、二十分の一税、十二分の一税、八分一税、あるいは六分の一税などさまざまの税率が述べられる。また細工師や職工あるいはシュードラには税の代わりに月に一度、王のために仕事をすることが命じられた。

王ではないクシャトリヤ一般については、単に生計手段だけでなく、かれらの生活の全般についてほとんど語られない。少なくともダルマ文献からは、かれらの存在がどのようであったかを探りだすことは不可能である。正業に従事し得ないときはブラーフマナと同じくヴァイシャの職業を生計手段としてよかった。

ヴァイシャの場合、正業は主として商業、牧畜および農業であるとされた。ブラーフマナの場合は富の蓄積は戒められたが、富はヴァイシャの象徴である。子供に名前を付けるときは、富と繁栄に結びつくものが推奨された。また人間の優越を決めるのは、ブラーフマナの間では知識、クシャトリヤの間では武勇であるが、ヴァイシャの場合は富であるとみなされた。『マヌ法典』は言う。ヴァイシャは正しく財産を増やすことに最大の努力を払い、努めてすべての生き物に食べ物を供給するべきであると。商売をする者は、宝石、真珠、珊瑚、金属、織物、香、調味料の価値の相対に熟知し、あらゆる種類の計量器の使い方、品物の長所・短所、産地の長所・短所、商品に伴う利益と損失、使用人の賃金、さまざまな地方の言語、品物の保管の仕方、そして売買について精通しなければならない。また農耕に携わる者は、種まきの時機、耕地の良し悪しについて、牧畜を生業とする者は家畜の増産の仕方に熟達すべきである。また正業に従事し得ないときは、シュードラの生計手段が採用される。

シュードラの正業は奉仕である。生活のためにはいずれのヴァルナに仕えてもよい。しかし天界を望むならば、最上位ヴァルナのブラーフマナ、それもヴェーダを知り、家長として一家を構えかつ評判の高いブラーフマナに仕えるべきである。主人は、かれの能力、熟練度、扶養人の数を考慮して、食べ物、屑穀物、古着あるいは古道具などを与えて生計のめんどうをみることになる。いっぽうシュードラは富の蓄積を禁じられる。その理由は、金持になるとブラーフマナに危害を加えるからであるという！　また奉仕が正業とされるにもかかわらず、シュードラの場合もさまざまな生き方をしていたことが窺われる。正業が得られず、妻子が飢えに陥るという窮迫時には、技術職や手工芸に従事することが許された。他にも肉体労働者や小作人、床屋あるいは牛飼いのシュードラも言及されている。

老　後　期

林住（ヴァーナプラスタ）

家長は、人に生得的に定められている三種の債務リナを、ヴェーダの学習、供犠および子孫を残すことによって正しく弁済し、やがて自分の顔に皺がより、白髪を見るようになり、また孫が生まれたならば家督を息子に譲り家長を引退する。

老後の生き方としては森に隠遁する生活と、定住を避けて放浪、遍歴する生活が挙げられるが、これらの生き方は、本来は神通力の会得あるいは解脱を求める禁欲・苦行者のものであったが、『マヌ法典』はそれを社会生活を全うした家長の晩年の生き方として変形させた。このことは前に述べた通りである。

さて、林住を決意した家長は、俗世界との決別をこめて耕作による食べ物といっさいの私物を放棄し、妻を伴うなり息子に託するなりして森に出かける。家から携えるものはそれまで日々使用していた祭式のための聖火と家庭祭儀用の祭具のみである。

森での生活の仕方は緩やかなものから厳格なものまでさまざまであったようである。『マヌ法典』もひとつのスタイルに拘泥《こうでい》しない。緩やかな生活の仕方は、晩年になって住み慣れない森に移る人間に対して、生活の急変を強《し》いないという気配りから配慮されているのであろうか。森に庵《いおり》を編み、家から持ってきた祭火を設置し、家長時代と同じ規則にしたがって五大祭儀が日々実行される。供物が森で採集される野菜、根あるいは果実に変わるだけである。また最善を尽くして、自分の食べる中から、森の生き物に食べ物を分かち与え、乞食《こつじき》に立寄る者に喜捨を施しそして庵を訪ねる客人をもてなす。すべての生き物に憐れみを寄せ、常に施す者であっても施さない者であってはならない。日々、心統一してヴェーダの独習に専心することも家長時代と基本的に変わらない。また適時に新月・満月祭をはじめとして初穂祭、季節祭などの祭式も順序正しく行なう。

林住の生活において在俗のそれと大きく異なるとすればそれは外観と食生活であった。衣服は獣皮もしくは樹皮となり、髪は髷《まげ》に結い、髭、体毛、爪は伸びるにまかせられ、外観は苦行者のそれとなる。食事は森で採れる材料で作った供物を神々に献じた後、その残りを食べる。材料は、水陸に生じる野菜、花、根、果実が中心で、それらを火で料理するか、あるいは自然に熟するのを待つ。また石ですりつぶしたり歯を臼がわりにして砕いて食べる。蜂蜜、肉、地面にはえる茸やある種の実を食べてはならない。また古くなった野菜や根、果実は捨てる。特に気が払われたのは、家族や村への思慕を断ち切ることについてであった。家を出るときに耕作によって手に入れた食べ物や私物のいっさいを放棄したのと同じく、林住の間は農作物や村で採れる野菜や果実は、たとえ捨てられているものであってもあるいは飢えに苦しむときでも食してはならない。

このような比較的緩やかな森の生活に対して厳格な苦行的性格のものがいろいろと併記される。食事の回数は朝か夕かの一日一回であるものを二日もしくは四日に一度とする。あるいはチャーンドラーヤナと呼ばれる誓戒の規則にしたがって、満月日に十五口の食べ物を食した後は毎日一口ずつ減らしていって新月日に断食し、その後次の満月日までに一口ずつ増やしていくという食事の仕方をとる。さらには食べ物を料理することを止め、常に、時が来て熟し自然に落ちた花、根、果実のみで生活する。日常の行動についてもより苦行的なものが記述される。日中は地面を横転するか、爪先で立ち続けるかあるいは交互に立ち座りするかし、日の出と正午と日没時に水辺にでかけて沐浴する。夏には身の回り四箇所に火を焚き太陽を五番目の火として身を晒す。雨季には露天を屋根とし、冬には濡れた衣服を身に纏《まと》う。アーヒタアグニ（家長時代にヴェーダ祭式のための三祭火を設置した人）ならば、祭火を自己の体内に移して家長時代の祭式を放棄し、庵を編まず、樹下を住居とし、沈黙を守り、根と果実のみを食する。そして林住者は、これらのさまざまの生活をとりながらウパニシャッドの読詠に励むべきであった。

森の生活法はさまざまでよい。しかしいずれにせよ生活は徐々に厳しい苦行的なものへと進展させられる必要があった。林住の目的は学問と苦行を増大させて肉体を清め、そして肉体をやつれさせることにあった。林住の最終段階においては食べ物は水と空気のみとなる。肉体のやつれが極限に達した頃であろうか、林住者は身体が倒れるまで東北を目指して直進する。『マヌ法典』は林住者の最後の局面を次のように描写する。

偉大なリシたちのこれらの所業のいずれかによって肉体を遺棄した後、ブラーフマナは、悲しみと恐怖を離れてブラフマンの世界において繁栄する。（六・三二）

林住の生き方は、本来は、このように林住のままで死を迎えることであった。しかしながら『マヌ法典』の作者は、この生き方を受け継ぐ一方において、同じく前代にすでに一部に見られた林住から遍歴者の生活へ移行するというスタイルをも提示する。

遍歴（パリヴラージャカ）

晩年のもうひとつの生き方としては、林住の他に遍歴放浪が勧められる。家を離れて直ちに遍歴に出てもよいし、あるいはまた一定期間の林住を終えて世俗に対する執着が断ち切れた後に遍歴してもよかった。

遍歴のスタイルもまたさまざまに描写される。家から直接に遍歴に出る場合は、プラジャーパティ神に対して供犠を行ない、いっさいの財産を布施（ダクシナー）として祭官に与えた後、祭火を自己の中に移して遍歴へと旅立つ。遍歴者は清めの道具（水壺）、乞食《こつじき》のための鉢および杖を携える。身にまとうのはぼろ布であるが、頭髪、爪、髭は整える。住いを定めず樹下を休息所とし、同伴者を伴わず常に独りで行動する。村に立寄るのは食を得るときのみに限られる。

食は乞食《こつじき》によって得る。天変地異や前兆を予告したり、占星や観相の学によって、あるいはまた助言や学問の解説によって食を得ようとする遍歴者もいたのであろうか、そのようにしてはならないことが特記される。乞食《こつじき》は一日に一度だけ、家々の炊煙が絶えたとき、スパイスをすりつぶす摺り棒の音がしなくなったとき、炭火の消えたとき、人々が食事を終えたときあるいは食器の後片付けが終わったときに限られる。量の多さを求めてはならない。さまざまな執着が生まれるからである。生命を維持するだけの量で満足するべきである。そしてたとえ食が得られなくとも気を落としてはならず、また得られたからと喜んではならない。肉を食してはならない。

乞食《こつじき》のために村に入ったとき、あるいは旅の路上で遍歴者は人々に出合うであろう。敬われることを軽蔑すべきである。逆に浴びせられる罵言《ばげん》に忍耐し、祝福を返してやるべきである。怒りに怒りを返してはいけない。人を軽蔑してはならない、敵意を抱いてはならない、嘘言してはならない。

いっさいの生き物に対して僅かの恐怖、危害をも与えてはならない。歩くときは、夜も昼もまた身体がつらいときでも常に地面をよく見て、生き物がいないことを確かめて足を下ろし、水を飲むときは布で漉《こ》してからにすべきである。

瞑想によって最高のアートマンを希求し、ヴェーダとヴェーダーンタの聖句を絶えず低唱する。

このようにして遍歴者は徐々に感官の完全な制御を目指していく。それは沈黙といっさいの事柄への無執着そして無関心となって実現する。愛と憎しみは消滅し、いっさいが平等視される。遍歴はやがて人生の最終局面へと向かう。遍歴者はあたかも「召し使いが命令を〔待つ〕ように」(六・四五)死の時を待つ。それは苦行によって肉体をやつれさせていく林住者の場合と異なる。死を迎える遍歴者についての『マヌ法典』の描写は、それまでの無機的な語り口から一転して哀調を帯びて、切々とわたしたちの胸を打つ。

骨を支柱とし、腱で結ばれ、肉と血を漆喰とし、皮膚に覆われ、悪臭を放ち、糞尿に満ち、老いと悲しみに占領され、病の座所であり、苦に悩まされ、ラジャス質に満ち、そして無常な、この物質要素の住処(身体)を遺棄すべし。(六・七六—七七)

樹木が川岸を、あるいは鳥が樹木〔を離れる〕ようにこの身体を離れるとき、苦悩という猛獣から解放される。(六・七八)

自分の愛する者に善行を、好ましくない者に悪行を委譲した後、瞑想の実修(デ

ィヤーナヨーガ）によって永遠のブラフマンに到達する。（六・七九）
根本からいっさいの存在に対して愛着がなくなるとき、死後においてもこの世においても、永遠の幸せを獲得する。（六・八〇）

ヴェーダサンニヤーサ

『マヌ法典』は、学生、家長、林住、遍歴を四種の生き方として分類するが、実際にはもう一つの老後の生き方が付け加えられている。家長として三種の債務を弁済し終えたら、人生の最後を家で息子の保護のもとに幸せに暮してよいと言う。そのときは、いっさいの愛着を捨て、ヴェーダの復唱に努め、行為のすべてをヴェーダの中に捨離して（ヴェーダサンニヤーサ）、行為によって生じる罪を破壊する。そのことによって人は、人生の究極の目的、最高の帰結——天界の獲得、ブラフマンの世界への到達、あるいは解脱——を獲得するであろう。

第四章　罪と罪の除去

罪

ブラーフマナの罪観念

ヴェーダ＝ダルマの価値体系においてはひとは常に清浄であることを求められる。清浄は、ヴァルナ体制の最も正統な部分を形成するこの体系内に位置し、祭式、ヴェーダ学習をはじめとするダルマを実践する資格と能力を与えられ、かつ死後の果報、天界、ブラフマンの世界を得るための不可欠の要件である。逆に不浄は、この世における人々の非難とダルマからの排除をもたらし、あの世の果報を失わせる。それゆえに不幸にして汚れに汚染されたならば、速やかに清めを実行し、心身の清浄を回復することが不可欠であった。汚れとみなされるものはさまざまである。血、精液、糞尿、汗、痰などの生理的な汚物、あるいは不浄とみなされる物や人間や動物が汚れの発生源であるとみなされた。また、死と誕生も強い汚れをもたらす原因であった。しかし古代インドの浄・不浄観において最も特徴的なことは罪が汚れと同一視されたことである。そのことは「罪によって汚される」、「罪に汚されない」あるいは罪を犯した者が罪の除去によって「汚れなき者となる」といった表現からも直接に知られよう。もうひとつの大きな特徴は、汚れ・罪が実体視されていたことである。汚れは発生しそして移動する実体に他ならない。罪が生じる、罪の一部を負う、罪と結ばれる、汚物に触れると汚される、あるいはまた死の汚れに親族は汚されるという考えは、すべて汚れ・罪を実体視することに発する。そして清めは、汚れ・罪という実体の除去に他ならない。このような実体視の思想は、汚れと罪についてのみ特徴的なのではない。古代インドにおいては、抽象的な概念を実体視する思想はむしろ一般的であった。苦行によって蓄積される力（タパス）、威力（テージャス）、ブラーフマナが大切にするブラフマヴァルチャサと呼ばれる知的精神的な輝き、あるいはまた善行による果報といったものはすべて実体視される。実体視されるからこそ、それらの発生、獲得、蓄積、消費、除去、消滅等々が可能とみなされたのである。

罪は感官への執着、規定の行為を行なわないこと、および禁止あるいは非難される行為をすることから生じるとみなされた。そしてそうしたことは、『マヌ法典』によれば、心、言葉および身体のいずれかによってなされる行為に還元されるのであり、したがって罪はこれらの三種の行為に応じて発生するとみなされる。心の行為によって生じる罪とは、例えば他人の財産を欲しがる、善くないことを思い描く、誤った教えに心を傾けるとかがそうである。言葉の行為による罪は、罵《ののし》る、嘘を言う、中傷するなどで、無駄なお喋《しゃべ》りもまたこの種の罪に数えられる。身体の行為による罪は、与えられない物を盗《と》る、生き物に危害を加える、他人の妻と交わるなどが代表的とされる。ここに見られるのはブラーフマナたちの間で作り上げられた罪観念であるが、それはかれらの罪観念の範囲の広さを示している。心の行為によって生じる罪の例が示すように、たとえ具体的な行為として表面化しなくとも、心に誤った考えを思うことがすでに罪である。また倫理道徳的な罪と犯罪とが同じ罪観念の中で同居する。

汚れはひとをヴェーダ＝ダルマの価値体系から排除するが、汚れの中でも罪による汚れは最も悲惨な結果を引き起こすと考えられた。罪の重さによっては、単にダルマ行為の資格を奪われるだけでなく、人々から徹底的に排除され、あの世でさまざまの恐ろしい地獄を徘徊《はいかい》し、そして動植物あるいは下層の人間として再生する。またさまざまな疾病《しっぺい》や身体の欠陥は前世において罪を犯した報いに他ならなかった。

『マヌ法典』はこのことを具体的な罪を挙げて例証する。ブラーフマナ殺しは犬、豚、驢馬あるいは最下層のチャンダーラやプッカサ等々に再生し、肺病は前世においてこの罪を犯した証《あかし》に他ならない。スラー酒を飲む者は虫類、蛾、糞を食う鳥あるいは危険な動物に生まれ、歯黒がこの罪の印である。黄金を盗む者は何千回となく蜘蛛、蛇、蜥蜴《とかげ》、水棲動物あるいは悪鬼ピシャーチャに再生し、その報いの印は悪爪である。師の妻と姦淫する者は何百回となく草木、蔓《つる》草、肉食獣、牙を持つ獣、残忍な人間に生まれ、皮膚病は前世においてこの罪を犯したことの報いであるという。親族や愛する人との別離、悪人との暮し、富を得ては失ってしまう、友人を得ると同時に敵も作ってしまう等々も前世において罪を犯した報いに他ならない。そして罪を犯している限り、救いのない老いや種々の苦悩から逃れられず、死をも克服することは出来ないのである。

最高の境地の獲得を願うならば、このような罪の帰結を想い、心と言葉と身体の抑制に努めなければならない。

罪の分類

罪行為についてはすでに『リグヴェーダ』において言及されているが、罪の整理を試みたのはダルマスートラの作者たちが初めてであったろう。もっとも罪の分類の仕方は各人各様さまざまで意見の一致は見られない。しかし、基本的には、行為者からヴァルナを剝奪しヴァルナ社会から追放する罪（パータカ、パタニーヤ）と、単に行為者を不浄にし、ダルマから排除する罪とに分けられるようである。罪としては前者の方が遥かに重かった。

『マヌ法典』においては、罪は次の六種類に分類される。

Ⅰ「大罪」（マハーパータカ）

Ⅱ「準大罪」（ウパパータカ）

Ⅲ「身分を喪失させる罪」（ジャーティブランシャカ）

Ⅳ「混血身分に落とす罪」（サンカリーカラナ）

Ⅴ「贈物の受け取りを不適にする罪」（アパートリーカラナ）

Ⅵ「不浄にする罪」（マラアーヴァハ）

以下においてこの分類にしたがった罪の一覧表を紹介するであろうが、『マヌ法典』の作者自身はこの分類にどれほどの意味を持たせたのだろうか。Ⅰ—Ⅵはおそらく罪の重い順に並べられていると考えて、ほぼ間違いないであろうが、それぞれの罪のジャンルがどのような実際的な意味を持ったのか、またどのように機能したのかについては説明されない。罪の分類に続いて特定の罪に対する特定の罪の除去が言及されるが、それらは必ずしも分類との一貫性を持っていないようである。

読者は、罪の一覧表から、罪の種類とそれらの軽重を垣間見《かいまみ》、あるいはまたブラフマニズム世界に特有の倫理道徳的な規定の違反と刑事的および民事的犯罪との混在、同居の様を見ながら、古代インドにおける罪についてその一端を窺い知るということに止めておいていただきたい。

罪の分類表を示すに先立って、初めに、古来一貫して罪の中でも最大の重罪とみなされてきた五つの「大罪」について別記しなければならない。これらは常に特別視されて扱われるからである。

五大罪

①ブラーフマナ殺し（ブラフマハティヤー、ブラフマハン、ブルーナハン）

②スラー酒（穀粒、糖蜜、蜂蜜あるいはマドゥーカ花を原料とする火酒）を飲む（スラーパーナ）

③黄金泥棒（ステーナ）

④師の妻との姦淫（グルアンガナーガマ、グルタルパガ）

⑤右の四大罪を犯した者と交際すること

これらの五種の大罪のうち最も古くに言及されるのはスラー酒を飲む罪であろう。スラーの語はすでに『リグヴェーダ』において数回登場し、賭博と並んで罪の原因であると指摘される。五種が大罪としてセットで登場するのは『チャーンドーギヤウパニシャッド』（五・一〇・九）およびダルマスートラ以来である。

これらの大罪がなにゆえ最大の重罪とみなされているのか。その理由は何も語られない。しかし、一般に、罪の軽重について意見の一致を見ることがほとんどない中にあって、五大罪は古来満場一致で最大の重罪とみなされてきた。ただし、五大罪の内容については若干の変遷はあったようである。ブラーフマナ殺しを意味する語としては、「ブラフマハン、ブラフマハティヤー」あるいは「ブルーナハン」が用いられるが、前者は文字どおりブラーフマナ殺しを意味するのに対して、後者は本来は胎児殺しを意味する。そして時とともに後者の語もまたブラーフマナ殺し、それも時として学識高いブラーフマナ殺しを意味するようになる。このような特定は『マヌ法典』の成立以前にすでに見られる。同法典の時代にブラーフマナ殺しと言えば実際には学識高いブラーフマナが対象であったか否かはわからない。だが、ダルマ文献に見られるように、時代とともに、ブラーフマナの間にも名前だけのブラーフマナやあるいは学識優れたブラーフマナなど多様化現象が起こり、実際上、すべてのブラーフマナを一括して捉えることはもはや出来なくなっていたであろうことを思えば、最大の重罪としての「ブラーフマナ殺し」は、傾向としては、学識高いブラーフマナに限定される動きにあったかもしれない。後に見るように、この罪に対する罪の除去は厳格なものから緩やかなものまで多様であるが、それはブラーフマナの多様化にもうまく対応しているかのようである。
また黄金泥棒についても、もともとは窃盗（ステーナ）そのものが大罪視されていたようである。窃盗一般の駆除が、古来、王および国家に課せられた最大の責務であったことは王の義務に関する記述より容易に知られる。しかしやがて社会は窃盗一般を最大の重罪とし続けることを許さなくなったのであろうか。次第に黄金泥棒に限定され、最後はブラーフマナの黄金を盗む罪に特定されるようになってしまった。『マヌ法典』においては未だ必ずしもブラーフマナの黄金とは限定されていないようである。

罪の分類表（ローマ数字は先に示した大罪以下の罪の分類のそれを表し、○印は当該の罪にあたることを表す）

		Ⅰ	Ⅱ	Ⅲ	Ⅳ	Ⅴ	Ⅵ
殺人							
	ブラーフマナ殺し	○					
	クシャトリヤ殺し		○				
	供犠をしているクシャトリヤ殺し	○					
	ヴァイシャ殺し		○				
	供犠をしているヴァイシャ殺し	○					
	シュードラ殺し		○				

		性別不明の胎児殺し	○					
		友人殺し	○					
		月経後の沐浴を終えた女殺し	○					
		妻殺し	○					
		女性殺し		○				
		去勢男殺し		○				
動植物損傷	動物を殺す	牛を殺す		○				
		駱駝、驢馬、馬、鹿、象、山羊、羊、魚、蛇、水牛を殺す				○		
		大小の虫、鳥を殺す						○
	植物に危害を与える	植物に被害を与える		○				
		薪のために生木を切る		○				
禁止飲食物に関する罪	酒	スラー酒を飲む	○					
		酒の臭いを嗅ぐ			○			
	食べ物	禁止される食べ物を食する	○					
		非難される食べ物を食する		○				
		酒に触れた食べ物を食する						○

窃盗	金属宝石	黄金泥棒	○					
		銀	○					
		卑金属		○				
		ダイヤ、宝石	○					
	寄託物	寄託物横領	○					
	人間	男、女を奪う	○					
	不動産	土地	○					
	動物	馬	○					
		家畜		○				
	その他	穀物		○				
		果実、花、薪						○
		窃盗一般		○				
性に関する罪	姦淫	師の妻と交わる	○					
		友人の妻と交わる	○					
		息子の妻と交わる	○					
		他人の妻と交わる		○				

	近親相姦	同母姉妹と交わる	○					
	禁止される女性との交わり	最下層の女と交わる	○					
		酒飲み女と交わる		○				
		少女と交わる	○					
		処女を犯す		○				
	不自然な性	男と交わる			○			
	純潔の誓戒を破る	学生あるいは純潔の誓戒（ヴラタ）を実行中の者が誓いを破る（アヴァキールナ）		○				
禁止される人間との交際による罪	交　際	結婚、ヴェーダ、祭式に係わる関係をパティタと持つ	○					
		パティタと一年間交際する	○					
	贈物の受贈	非難される人間から贈物を受け取る					○	
虚偽の罪	嘘　言	嘘をつく						○
	身分詐称	上位ヴァルナを詐称する	○					
	偽　証	裁判での偽証	○					

	詐欺				○			
禁止される職業・生計手段		商いをする					○	
		金貸しをする		○				
		あらゆる種類の鉱山を管理する		○				
		大規模な機械を操作する		○				
		シュードラに仕える					○	
		沐浴場、公園を売却		○				
		妻に生計を依存する		○				
ヴェーダと祭式に関する罪	ヴェーダ	ヴェーダを放棄する	○					
		ヴェーダを非難する	○					
		日々のヴェーダの独唱を放棄		○				
		金を取ってヴェーダを教授する		○				
		金を払ってヴェーダを学ぶ		○				
	祭式	祭火を捨てる		○				
		不適格者に供犠をする		○				
		ヴェーダ祭式のための火を設置しない		○				

人間に対する不当な扱い	師に対して	偽りの罪で師を告発	○					
		師への反抗	○					
		師を見捨てる		○				
	親族	母、父、息子、親族を捨てる		○				
		妻、子供、自分を売る		○				
その他の、ダルマに関する罪		ウパナヤナを受けない		○				
		弟が先に結婚することを兄が認める		○				
		弟が兄より先に結婚する		○				
		右の両者に娘を与える		○				
		右の両者に供犠をする		○				
		呪詛（アビチャーラ）、根による呪術		○				
		自分の利益のために行動する		○				
		善くない人々の典籍を学ぶ		○				
		無信仰		○				
		無決断						○

罪の除去

清めの仕組

古代インドの浄・不浄観の大きな特徴のひとつは、前に述べたように、汚れが実体視されることである。そして汚れによる汚染とそれの清めは、この実体視の思想の中で、いわば構造化されて考えられてきたと言ってよい。すなわち汚れは発生し、接触によって移動し、付着しそして不利益をもたらす。しかしながらそれは一定の手段を用いることによって除去され得る。罪は汚れと同一視される。それゆえに罪の除去（プラーヤシュチッタ、ニシュクリティ）もまた他の汚れの清めと同じに取り扱われる。汚染とその除去、清めのプロセスを構造的に捉えて簡単に図示するならば次のようになろうか。

汚れの発生源——接触——汚染——社会からの非難、排除——地獄——再生

汚れの除去・清め——浄化——社会復帰——天界・ブラフマンの世界

ひとは汚れの発生源と接触すると、実体としての汚れが接触を媒介として伝染し、そして汚染される。接触は汚染を媒介するが、それは直接の接触の他に、見る、息がかかる、匂いを嗅ぐ、会話する、食べる、罪行為をする、罪行為を考える等々、汚れが移行すると考えられるいっさいの媒介項を含んでいる。汚染されてそれの除去・清めを実行しなければ、前に述べたような種々の不利益をこの世とあの世の両方で受けねばならない。清めを行なえば、ヴェーダ＝ダルマの世界への復帰が認められ、死後の果報が約束される。

清めないし浄化は「清められる」ことであるが、実際には、清めについて用いられる用語に明らかなように、それは物質的なものとして付着した汚れ・罪の「除去」、「洗浄」、「破壊」、「焼却」あるいはそれからの「解放」を意味した。そして除去や破壊は、清浄なものあるいは浄化の効果を有すると考えられている手段を用いてなされ得ると考えられた。火、土、水、牛糞、神聖な草（クシャ草）、胡麻、澄ましバター、贈物、風、太陽、聖句、ブラーフマナの言葉、苦行、祭式、時間、知識、真実の言葉、瞑想、呼吸制御、王の刑罰、世俗放棄等々が代表的なものとして登場する。これらのものは汚れの種類や度合いの強弱あるいはまた故意か否かなど、その時々の状況に応じて単独あるいは複数の組み合わせで用いられる。

いくつか典型的な例を示したほうがよいかもしれない。まず水を単独で用いる場合。

チャンダーラ、月経中の女、パティタ、出産後十日未満の女、死体、彼らに触れた者――これらの者たちに触れたときは沐浴によって清められる。（五・八五）

複数が組み合わせられる場合。

脂肉の付いた人骨に触れたとき、ブラーフマナは沐浴によって清められる。脂肉が付いていないときは、水を啜った後、牛に触れるかあるいは太陽を見るかによって〔清められる〕。（五・八七）

また時間が組み合わせられることも多い。学生もしくは純潔の誓戒（ヴラタ）を立てた者が純潔を破るとき、その罪の除去に関して、

この罪を負ったときは、〔献供される〕驢馬の皮をまとい、自らの行為を告げながら七軒を乞食《こつじき》して歩くべし。それらの家から得た施物によって一日一回食事をとり、日に三度（朝、正午、夕）沐浴すべし。一年経って清められる。（一一・一二三―一二四）

罪の除去の宣示

汚れの除去は不可欠である。しかしながら、罪の除去・清めについては、当初よりその実行について意見の一致を見ていたのではないらしい。『ガウタマダルマスートラ』(一九・三―一〇)には罪の除去の実行を巡って論議があったことが示唆される。それによれば、当時の一部には、一度なされた行為は消滅しないという考えの上に立って罪の除去を否定する見解があったようである。それに対して『ガウタマ』の作者は、かれらにとっての最高の規範であるヴェーダを持ち出し、そこに見出される罪の除去に関するテキストを論拠として罪の除去の必要を結論づける。他のダルマスートラの作者たちもまた同一見解であったことは疑いない。

『マヌ法典』の時代になってもまだ罪の除去の実行の可否について必ずしも意見が一致していなかったのであろうか。「賢者は、罪の除去は故意にではなくなされた罪に対するものとみなす。ある者たちは、ヴェーダの聖句を根拠として、故意になされたものについても〔適用されると〕言う」(一一・四五)と語るのを見れば、罪の除去は、本来は知らずに、あるいは無意識になされた罪にのみ適用されるのであり、故意の罪には適用されなかったのではないかと推測される。しかしながら『マヌ法典』の作者の結論は明瞭である。いずれの場合にも罪の除去は必要であり、かつ不可欠とみなされた。

罪の除去は二種類に分けられる。罪が公にされる結果、公に実行される罪の除去と、罪が公にされず、私的に行なわれる罪の除去（ラハスヤ）とである。前者については。パリシャッドと呼ばれるブラーフマナの集会が指示するが、後者については、自らがなすべき罪の除去を知っているときはそれを行ない、知らないときは心得ている者に個人的に聞くべきであった。

パリシャッドを構成する人員の顔ぶれは必ずしも一致していないが、『マヌ法典』によれば、リグ、サーマ、ヤジュルの各ヴェーダに精通する者三人、論理学に長じる者一人、推論に長じる者一人、語源学に精通する者一人、ダルマを知る者一人、学生、家長、林住者から一人ずつの計十人によって構成される。あるいは三ヴェーダのそれぞれを知る者たち三人でもよく、場合によってはヴェーダに精通するのであれば一人であってもよいと言う。逆にブラーフマナであっても無学な者は何人集《あつ》まってもパリシャッドを構成し得ないことが力説される。

罪の除去は四段階を経ると考えられる。すなわち、①パリシャッドに出かける、②パリシャッドによる妥当な罪の除去の宣告、③宣告された罪の除去の実行、④パリシャッドによる浄化の発表、である。しかしこれらの手続が実際にどのようにして踏まれたかについては『マヌ法典』もそれ以前のダルマ・スートラも語らない。ただ興味あることなので、参考までに、P・V・カネー（IV, pp. 84-85）の説明にしたがって後代のダルマ文献に記述される罪の除去の手続について紹介しておきたい。まず罪を犯したときは罪を隠したり時間をおいたりしてはいけない。たとえ学識ある者でも、速やかにパリシャッドに行かねばならない。かれは衣服のまま沐浴し、滴《しずく》をしたたらせたままにパリシャッドに出かける。パリシャッドでは地面にひれ伏して、かれらの問いに答えねばならない。かれらはまず用のおもむき、何が起こったのか、何を求めてきたかを問う。次いで、席を暫時《ざんじ》外すように言い、かれらだけで、罪とその除去にかかわるあらゆる状況を考慮して妥当な罪の除去を論議する。その後かれらの内のひとりがダルマ文献の文章を読み上げ、パリシャッドの決定を宣告する。

罪の除去は重い罪には重い罪の除去が、軽い罪には軽い罪の除去が指示されることになるが、決定に関して考慮された主たる事項は、罪の性質、故意か過失か、時、場所、身分、年齢、身体の強弱等である。また決定については種々の情状酌量がなされたようである。しかし情や貪欲、脅迫、無知からそれがなされることは禁止された。もしもそうしたことから手心が加えられることがあれば、パリシャッドのメンバーの全員に罪が降り掛かるとみなされた。また罪の除去の決定は出来る限り全員一致が望まれたようである。

罪の除去の適用 (一)――罪が公にされる場合

罪の除去はいわばケース・バイ・ケースに指示される。ダルマ文献の記述から、どのような罪に対してどのような罪の除去が指示されたかを見ることが出来るであろう。しかし罪の分類がそうであったように、罪の除去の適用についてもダルマ文献の間で意見の一致を見ることはなく、かつ未整理である。以下においては『マヌ法典』に述べられる罪の除去の適用を出来るだけ詳しくリストにして紹介することにするが、それ自体もけっして網羅的でないことを断っておきたい。読者は、ブラフマニズム世界に特有の倫理道徳的な規定の違反と刑事的および民事的犯罪とが混在している事実に注意しながら、古代インドの罪と罪の除去について、その一端を窺い知るというように止めていただきたい。なお罪の除去は、原則として、ブラーフマナを対象として記述されている。

(一)四大罪に特有の罪の除去

(1)「ブラーフマナ殺し」

マハーパータカの筆頭に挙げられるこの罪について、『マヌ法典』は殺意のない場合に限って罪の除去を認める。罪の除去は数多く列挙されるが、それぞれがどのようなケースに適用されるのかについては語られない。

①森に小屋を建て、乞食《こつじき》で命をつなぎ、死者の頭骸骨を目印として十二年暮す。

いくつかのヴァリエーションを持っている。たとえば『ガウタマダルマスートラ』（二『マヌ法典』はこのように簡単に述べるだけであるが、この罪の除去の歴史は古くかつ二・四―六）は次のように述べる。罪人は森の中で学生に規定される生きかたを守りながら、昼は立ち、夜は座って過ごす。村には乞食《こつじき》のためにのみ入ることが許されるが、その時は寝台の足と頭骸骨を手に持ち、自分の犯した罪を告げて食を乞う。もしも途中で上位三ヴァルナの人間を見かけたら道を外さねばならない。この生活を十二年間続け、満期の日がおとずれたならば朝と正午と夕に沐浴する。これを終えて罪から清められる。

また『アーパスタンバダルマスートラ』（一・二八・二一―二九・一）は、この罪の除去を殺意を持つ犯行に適用する。しかし、それは十二年間で終わらず、死によってしか完了しない。ブラーフマナ殺しは、犬もしくは驢馬の皮を毛を外側にしてまとい、人間の頭骸骨を水飲み用に所持し、寝台の足を杖代わりに持ち、罪と名前を告白し、「どなたかブラーフマナ殺し奴《め》にお恵みを」と言って乞食《こつじき》する。食べ物を得たら空き家もしくは樹下で休み、「われらには人との交わりはない」ことを思い知ってこの生活を最後の一息まで行なう。かれには生涯この世への復帰はない。罪は死によって破壊される。

②自らの意志で武器を手にする者の標的となる。

③火の中に三度頭から飛び込む。
④ブラーフマナあるいは牛のために躊躇《ちゅうちょ》なく命を捨てる。
⑤ブラーフマナの財産を狙う盗賊に少なくとも三度立ちはだかるか、あるいは全財産を奪い返すか、あるいはまた命を失うかする。
⑥馬祀祭（アシュヴァメーダ）、スヴァルジト祭、ゴーサヴァ祭、アビジト祭、ヴィシュヴァジト祭あるいは三種のアグニシュトゥトゥ祭を行なう。
⑦食事を制限し、感官を制御し、ヴェーダのいずれかを低唱しながら百ヨージャナ（およそ七百三十キロ）歩く。
⑧全財産あるいは生活するに十分の財産あるいはまた家具付きの家をヴェーダに精通するブラーフマナに与える。
⑨供物のみを食し、聖河サラスヴァティーの流れを遡って歩く。
⑩食事を制限して、ヴェーダの本集（サンヒター）を三度低唱する。
⑪頭を剃り、村はずれ、牛小屋、庵あるいは樹下に住み、牛あるいはブラーフマナに善行を行ない、またそれらのためには直ちに命を捨てる。
⑫ブラーフマナと王が馬祀祭の終了の沐浴のために会したときに罪を告白し、かれらの許しを得て沐浴する。

(2)「スラー酒を飲む」

①火の色に熱したスラー酒を飲む。それによって身体が焼かれるとき罪から解放される。これはスラーに関係する最も古いタイプの罪の除去であるが、ダルマスートラはこれを故意の場合に適用する。

②火の色に熱した牛の尿、水、牛乳、澄ましバターあるいは牛糞液を死ぬまで飲む。

③牛の毛で作った衣服をまとい、髷《まげ》を結い、酒屋の旗を手にし、夜に一度だけ穀粒か油菓子を食するという生活を一年間実行する。

(3)「黄金泥棒」

①この罪を犯したブラーフマナは、棍棒(ムサラ)、カディラ樹の棒、両刃の槍あるいは鉄の杖を肩に担いで走って王のもとに出かけ、罪を告白し「どうかわたしを懲らしめてください」と言う。王はかれから棒を受け取って自ら一撃する。殺されることによって清められる。放免によっても罪は清められるが、この時は王が罪を負わねばならない。

②森で樹皮をまとい、ブラーフマナ殺しに規定される十二年間の苦行を罪の除去として実行する。

(4)「師の妻との姦淫」

①罪を告白し、熱した鉄の寝台の上に横たわる。死によって清められる。

②燃え立つ金属製の女像を抱き、死んで清められる。

③自ら男根と睾丸を引き抜いて両手に持ち、死の女神ニルリティの方角（西南）に倒れるまで直進する。命絶えて清められる。

④寝台の脚を携え、樹皮をまとい、髭《ひげ》を伸び放題にして人気《ひとけ》の無い森で一年間心を集中してプラジャーパティヤクリッチュラと呼ばれる食事制限の苦行を行なう。

このクリッチュラは十二日を一単位とする。初めの三日間は朝のみに食し、次の三日間は夕のみに食し、その次の三日間は求めずに手に入ったものだけを食し、そして次の三日間を断食する。

⑤三か月間、感官を制御し、供物あるいは大麦粥によるチャーンドラーヤナ（林住の生活の項を参照）を行なう。

㈡四大罪以外の罪の除去（ローマ数字は六種の罪の分類番号を表す）

罪		罪の除去
殺人		
クシャトリヤ殺し	II	過失 ①自己制御し、髷を結い、村から遠く離れて樹下に住い、三年間ブラーフマナ殺しの罪の除去を実行 ②牡牛一頭と牝牛千頭をブラーフマナに与える
ヴァイシャ殺し 正業に従事している	II	①ブラーフマナ殺しの罪の除去を一年行なう ②牡牛一頭と牝牛百頭をブラーフマナに与える
シュードラ殺し 正業に従事している	II	①ブラーフマナ殺しの罪の除去を六か月 ②牡牛一頭と白い牝牛十頭をブラーフマナに与える
不貞の妻殺し		女性のヴァルナ順に皮袋、弓、山羊、羊

				をブラーフマナに与える
		去勢男殺し	II	麦わら一束と一マーシャ（一・六スヴァルナ）の鉛をブラーフマナに与える
動植物に危害を加える	動物を殺す	牛を殺す	II	①頭を剃り、殺した牛の皮をまとい、一か月大麦粥を飲んで牛舎で過ごす。次の二か月間四度に一度酸味と塩気の無い少量の食べ物を食し、牛尿で沐浴する。この三か月間日中は牛の後を追ってその塵を吸い、夜は牛の世話をして、ヴィーラアーサナの姿勢で座する。牛に危険が迫る時は全力で守る。己れを守ってはならない。牛が餌を食べていること、仔牛が乳を吸っているのを告げてはならない。三か月の満了時点にヴェーダに精通するブラーフマナに牡牛一頭と牝牛十頭あるいは全財産を贈る ②チャーンドラーヤナを（三か月？）実行する

猫、猫いたち、青かけす、蛙、犬、蜥蜴、梟、烏を殺す	Ⅱ	①シュードラ殺しの罪の除去 ②牛乳のみを飲む苦行（パヨー・ヴラタ）を三日行なう ③一ヨージャナ（七・三キロ）歩く ④流れで沐浴する ⑤ヴァルナ神に捧げられる讃歌を低唱
蛇	Ⅳ	黒鉄の鋤をブラーフマナに与える
猪		壺一杯の澄ましバターを与える
山うずら		一ドゥローナの胡麻を与える
鸚鵡		二歳の仔牛を与える
たいしゃくしぎ		三歳の仔牛を与える
ハンサ鳥、パラーカ鶴、		牝牛を与える
鷺、孔雀、鷹、禿鷹、猿		牝牛を与える
馬	Ⅳ	衣服を与える
象	Ⅳ	五頭の黒牡牛を与える
山羊、羊	Ⅳ	牡牛を与える
驢馬	Ⅳ	一歳の仔牛を与える
肉食獣		乳牛を与える
非肉食獣		離乳したばかりの牝仔牛を与える

		駱駝を殺す	Ⅳ	一クリシュナラの金を与える（以上に関して贈物が出来ないときはそれぞれについてクリッチュラを実行）
		小さな生き物を殺す		
		骨があるもの		何かをブラーフマナに贈る
		骨のあるものを千匹殺す	Ⅱ	シュードラ殺しの罪の除去を行なう
		骨の無いものを殺す		呼吸制御（プラーナアーヤーマ）をする
		骨無しのものを荷車一杯殺す	Ⅱ	シュードラ殺しの罪の除去
		食べ物、調味料、果実、花に生じる生き物を殺す		澄ましバターを食する
	植物を害する	果樹、灌木、蔦、蔓草、花をつける植物を害する		『リグヴェーダ』の詩節を百回低唱する
		田畑あるいは森の植物を理由なく切る		一日牛に付き従い、牛乳のみを摂る苦行をする
飲食物に	飲　酒	ヴァールニー酒を飲む		①知らずに飲む

関する罪		酒に触れる、与える、受け取る スラー酒を飲んだ者の息を嗅ぐ スラー酒に触れたものを食する スラー酒、マディヤ酒の容器で水を飲む		再度の入門式を行なう。この時は剃髪、腰紐、杖、乞食《こつじき》、学生の務めは略される ②知っていて飲む 死に終わる罪の除去はない クシャ草を煮た水を三日間飲む 水中で三度呼吸制御を行ない、澄ましバターを食する 再度入門式を行なう 五昼夜シャンカプシュピーを煮込んだ牛乳を飲む
	禁止される人間の食べ物を食する	禁止される人間の食べ物を食する 女性、シュードラの食べ		①七日間大麦粥のみを食べる ②知らずに食べる 三日の断食 ③知っていて食べる クリッチュラを実行 七日間大麦粥のみを食べる

	残しを食する シュードラの飲み残しの水を飲む	クシャ草を煮た水を三日間飲む
肉	不適な肉を食する 干し肉、屠場の正体不明の肉を食する 肉食獣、豚、駱駝、鶏、人間、烏、驢馬の肉を食する	七日間大麦粥のみを食べる チャーンドラーヤナを実行する タプタクリッチュラ（熱した水、牛乳、澄ましバター、空気をそれぞれ三日ずつ飲み、一度だけ沐浴する）を行なう
不浄な食べ物	地上に生える茸を食する 猫、烏、鼠、犬、猫いたちの食べ残しを食する 頭髪、虫の落ちた食べ物を食する 精液、糞尿を食する	チャーンドラーヤナを行なう ブラフマスヴァルチャラーの煎じ汁を飲む ブラフマスヴァルチャラーの煎じ汁を飲む ①知らずに食べる 三日の断食 ②知っていて食べる クリッチュラを実行

		畜豚、驢馬、駱駝、ジャッカル、猿、鳥の糞尿を食する 糞尿の触れたものを食する		チャーンドラーヤナを実行する 再度ウパナヤナを行なう
窃盗	金銭 宝石 金属	ダイヤ、宝石を盗む 宝石、真珠、珊瑚、銀、 銅、鉄、真鍮、石を盗む	I	一年間、クリッチュラを行なう 黄金泥棒と同一の罪の除去 十二日間、生の穀類のみを食する
	寄託物	寄託物を横領	I	ブラーフマナ殺しと同一の罪の除去
	人間	男、女を奪う	I	①黄金泥棒と同一の罪の除去 ②チャーンドラーヤナ
	不動産	土地を盗む 田畑、家を盗む	I	黄金泥棒と同一の罪の除去 チャーンドラーヤナ
	動物	馬を盗む 双蹄あるいは単蹄動物、鳥を盗む	I	黄金泥棒と同一の罪の除去 三日間、牛乳のみを食する苦行

	その他	穀物、料理を盗む		一年間のクリッチュラ
		硬軟の食べ物、乗物、寝台、座席、果実、花、根を盗む		五種の牛の生産物（尿、糞、乳、ヨーグルト、澄ましバター）を飲むパンチャガヴィヤの苦行をする
		薪、草、樹木、乾物類、糖蜜、衣類、皮、肉を盗む		三日間の断食
		綿、絹、羊毛、香料、薬草を盗む		三日間牛乳のみを食する苦行
		井戸、貯水池の水を盗む		チャーンドラーヤナを行なう
性に関する罪	姦　淫	友人の妻と交わる	I	師の妻との姦淫の罪の除去
		息子の妻と交わる	I	師の妻との姦淫の罪の除去
	近親相姦	同母姉妹と交わる 父の姉妹の娘、母の姉妹あるいは兄弟の娘と交わる	I	師の妻との姦淫の罪の除去 チャーンドラーヤナ
	禁止される女性との交わり	最下層あるいはチャンダーラの女と交わる	I	①知らずに交わる 師の妻との姦淫の罪の除去 ②知っていて交わる 罪の除去はない。彼女たちと等しく

	シュードラの女と交わる 少女と交わる	I	なり、社会への復帰はない 三年間毎日乞食《こつじき》の食べ物を食し、聖典を低唱する 師の妻と交わるときの罪の除去
不自然な性	男と交わる 牛車の上で、水中であるいは日中に交わる 動物の牝と交わる、月経中に交わる、口で交わる、水中で自慰をする	III	衣服のまま沐浴 衣服のまま沐浴 サーンタパナクリッチュラ（一日目牛尿、牛糞、ヨーグルト、澄ましバター、クシャ草を煮た水のみを食し、翌日断食）を行なう
純潔の誓戒を破る	学生あるいは純潔の誓戒（ヴラタ）を実行中の者が誓いを破る（アヴァキールナ）	II	①夜、四つ辻で片目の驢馬をパーカヤジュニャの規則にしたがってニルリティに献供する ②この罪を犯す時、蓄積したヴェーダの威力は風神マルツ、インドラ、ブリハスパティおよび火神アグニのものとなる。そのため供物を火に献供し「マルツは我を許したまえ。……」（『タイッティリー

				ヤアーラニヤカ』二・一八・四）を唱え、各神に澄ましバターを献供する ③驢馬の皮をまとい、罪を告白して七軒を乞食《こつじき》する。得た食べ物を一日一回食し、日に三度、朝、昼、夕に沐浴する。これを一年続ける
暴行傷害		ブラーフマナを嚇《おど》す ブラーフマナを打つ ブラーフマナに血を流させる		クリッチュラを行なう アティ・クリッチュラ（サーンタパナクリッチュラを少量で三回続け、最後に三日断食する）を行なう クリッチュラとアティクリッチュラを行なう
言葉による暴行		ブラーフマナに「ふん」と言う 尊敬すべき人に「おまえ、君」の語を使う		相手の気持を和らげ、沐浴し、その日は断食する 同右
交際に関する罪	交際	パティタと乗物、座席、食事に関係して一年交際	I	交際相手のパティタと同一の罪の除去

		を続ける		
	贈物の受贈	非難される人間から贈物を受け取る	V	①チャーンドラーヤナ ②サーヴィトリー讃歌を三千回低唱し、一か月牛舎で牛乳のみを食する
虚偽の罪	嘘言	嘘をつく	V	一か月のチャーンドラーヤナ
	身分詐称	上位ヴァルナを詐称する	I	ブラーフマナ殺しの罪の除去
	偽証	裁判での偽証	I	①スラー酒を飲むときの罪の除去 ②ブラーフマナ殺しの罪の除去 ③粥（チャル）を言葉の神サラスヴァティー女神に献供する ④クーシュマーンダ（『タイッティリーヤアーラニヤカ』一〇・三―五）、ヴァルナ神への讃歌（『リグヴェーダ』一・二四・一五）あるいは水の神への讃歌（『リグヴェーダ』一〇・九・一―三）を唱えながら澄ましバターを火に献供
	詐欺		Ⅲ	①意図的

				サーンタパナクリッチュラ ②意図的でないクリッチュラ
	偽りの告発	師を偽りの罪で告発する	I	ブラーフマナ殺しの罪の除去
職業・生計手段に関する罪		適切でない職業につく非難される行為その他で富を得る		三種のクリッチュラと再度のウパナヤナ ①得た富の放棄 ②聖句の低唱 ③苦行
		商いをする	V	一か月のチャーンドラーヤナ
		シュードラに仕える	V	一か月のチャーンドラーヤナ
ヴェーダと祭式に関する罪	ヴェーダ	ヴェーダを放棄および非難	I	①スラー酒を飲む時の罪の除去 ②三種のクリッチュラと再度のウパナヤナ
		ヴェーダを不適な人間に教える		一年間、大麦粥を食する苦行
	祭式	祭火の世話を怠る	II	一か月のチャーンドラーヤナ

		見知らぬ者、不適な人間あるいはウパナヤナをしていない者（ヴラーティヤ）に供犠をする	II	三種のクリッチュラ（クリッチュラ、タプタ・クリッチュラ、アティ・クリッチュラ）を行なう
人間に対する不当な扱い		庇護を求めてきた者を見捨てる		一年間、大麦粥を食する苦行を行なう
その他のダルマの規定を破る		ウパナヤナを受けない	II	三種のクリッチュラと再度のウパナヤナ
		日昇、日没時に寝ている		サーヴィトリーを低唱し、一日断食
		ヴェーダに規定される日々の儀式を怠る		断食
		スナータカの決りを怠る		断食
		呪詛（アビチャーラ）	II	三種のクリッチュラ
		駱駝、驢馬の乗物に意図的に乗る		呼吸制御をする
		水のない時あるいは水中で小便する		村の外で衣服のまま沐浴し、牛に触れる
		無決断	VI	三日間、大麦粥を食して身体を焼く

罪の除去の適用 ㈡——罪が公にされない場合

人は罪を犯したときはけっしてそれを隠してはいけない。司法の神ヴァルナは人間のいかなる行為をも見逃さない。この考えは最も古い時代から人々の心の中にあった。ダルマ文献の作者たちは罪を告白することの大事を訴える。しかしながらその一方において、人知れずに罪を犯した場合、それを公にせずに自ら罪の除去を実行することを認めていた。この種の罪の除去がどのようにして正当化されたかについては何も知らされない。だが告白はそれ自体が罪の除去であり、罪の告白によってあたかも蛇が脱皮するように罪から抜け出るであろうことが強調されるのを見れば、必ずしも一般的に承認されていたわけではなさそうである。しかも罪の除去の主たる手段は、聖句（マントラ）の低唱であるから、本来は、ヴェーダに精通し、自らを律することの出来るブラーフマナが過失を犯した場合に許された罪の除去の方法であったかもしれない。

	罪	罪の除去
大罪	ブラーフマナ殺し	一か月、日々ヴィヤーフリティとオームを呟き、日に十六回呼吸制御をする
	スラー酒を飲む	アグニ、ウシャスあるいはアディティの各神に捧げら

		れる讃歌（『リグヴェーダ』一・九七、七・八〇、一〇・一八五、八・八、四・七—九）を低唱する
	黄金泥棒	アースヤヴァーミー讃歌（『リグヴェーダ』一・一六四）およびシヴァサンカルパ讃歌（『ヴァージャサネーイサンヒター』三四・一）を低唱する
	師の妻との姦淫	スーリヤとヴァイシュヴァーナラに捧げられるハヴィシュパーンティーヤ讃歌、一切神に捧げられる讃歌およびプルシャ讃歌（『リグヴェーダ』一〇・八八、一〇・一二六、一〇・九〇）を低唱する
	その他	①シャーカラホーマの詩節（『ヴァージャサネーイサンヒター』八・一三）を唱えて澄ましバターを献供する ②一年間、牛に付きしたがい、パーヴァマーニー讃歌（『リグヴェーダ』第九巻）を復唱し、乞食《こつじき》の食べ物を食する
準大罪	非難される食べ物を食する	タラトサマンディーヤ讃歌（『リグヴェーダ』九・五八・一—四）を三日間低唱する
	禁止される贈物を受け取る	タラトサマンディーヤ讃歌（『リグヴェーダ』九・五八・一—四）を三日間低唱する

パティタ（落下者）となる罪	①森で心身を清浄にしてヴェーダ本集を三度復唱し、パラーカ・クリッチュラ（十二日間の断食）を三度繰り返す ②心を集中して三日間断食し、一日三度朝、昼、夕に沐浴し、水中でアガマルシャナ讃歌（『リグヴェーダ』一〇・一九〇）を復唱する
いっさいの罪	①馬祀祭（アシュヴァメーダ） ②アガマルシャナ讃歌を復唱する ③心を集中して『リグヴェーダ』、『ヤジュルヴェーダ』あるいは『サーマヴェーダ』をウパニシャッドとともに三度復唱する

ヴァルナの喪失儀式と喪失者の生活そして復帰

罪はさまざまの不利益を引き起こすが、現実の問題として最も恐れられたのは、大罪あるいはそれに類する重罪を犯してパリシャッドからパティタ（落下者）を宣告されることであった。パティタとなることは、実際の社会生活のすべてを奪われ、社会から放逐されることを意味したからである。上位三ヴァルナの者たちはパティタといっさいの交際をしてはならない。特に、かれのために祭式儀礼を行なってやったり、ヴェーダを教授したり学んだりあるいは婚姻を結んだりすることは禁じられた。これをするときはその者もまたパティタとなる。また乗物や座席での同席あるいは食事をするという付き合いも避けるべきである。そうしたことが一年続けば同じくパティタを宣告される。

パティタとなるときは所定の儀式が親族によって執り行なわれる。以下に述べる儀式の模様は『マヌ法典』のそれと基本的には同じで、それよりも詳しい『ガウタマダルマスートラ』(二〇・二―七)にしたがっている。

この儀式の目的は罪人の社会的な死を告げ、かれの清浄を奪うことにある。このためにそれは葬儀に類似する。親族はパティタとなる者の学問上の師および姻戚を呼び集め、沐浴に始まる葬儀を行なう。次いで、卑賤の召し使い(ダーサ)あるいはそれを仕事としている者(カルマカラ)がごみ貯めから汚い容器を拾ってきて、卑賤の召し使い女(ダーシー)の水壺から水を満たし、南を向き、「某々から水を奪う」と言いながら容器を逆さまに引っ繰り返す。このとき師と姻戚を除くすべての者たちは葬儀の時と同じように聖紐を右肩から左脇下に掛け、髷を解いて召し使い男につかまる。最後にすべての者たちは沐浴をし、清めを行なってから村に入る。『マヌ法典』によればこの儀式は不吉の日の夕方を選んで村の外で行なわれ、家専属の祭官（リトゥヴィジュ）も呼ばれるという。

社会から追放を受けたパティタたちはどのような生活をするのだろうか。この点について『マヌ法典』は記述しないが、ダルマスートラにおいてはパティタの生活ぶりが言及される。パティタたちは住居を定めて共同生活し、「これが我々にとってのダルマなのだ」と心に決め、互いに祭式を行ない、互いに教授しあい、互いに結婚しあう。生まれてくる子供の扱いに関しては意見が割れた。子供に罪はないがゆえに社会に送り返されるべきだという立場と、不浄な精子と不浄な母胎から生まれたが故に子供もまた不浄であり、社会への加入はあり得ないとする立場とがあったらしい。しかし大勢は後者に傾いていたようである。また女性がパティタとなったときは、衣服と食べ物と飲み物が与えられ、村の近くに住むことが許されることもあった。

パティタは、定められた罪の除去を完了すると再び社会へ復帰することが認められた。このときには復帰の儀式が執り行なわれる。『マヌ法典』は、サピンダはパティタとともに神聖な水場で沐浴した後、水を満たした新しい壺を水中に投じることを述べるが、『ガウタマ』（二〇・一〇―一四）はもっと別の詳細な儀式を記述する。パティタが所定の罪の除去を完了したとき、親族は黄金製の水壺に非常に神聖な池あるいは河から水を満たし、その水にかれを触れさせる。次いでかれにその水壺を手渡す。受け取ったかれは「天は宥《なだ》められた。地は宥められた。吉祥な中空は宥められた。わたしはここで輝けるものを受け取る」と呟く。かれは祭詞（ヤジュス）や清めの聖句を唱えながら澄ましバターを火に献供し、ブラーフマナと師に黄金あるいは牝牛を贈る。

罪人が罪の除去を行なって罪を清め社会に復帰したならば、世人はけっして避けてはならない。ただし子殺し、庇護を求めてきた者を殺す者、女を殺す者そして忘恩の徒については例外とされた。

第五章　犯罪と刑罰

刑罰の創造

古代インドにおいては、犯罪はブラーフマナの罪観念の中に取り込まれ、汚れと清めのレベルにおいてそれは倫理道徳的な罪と同等視された。罪の除去を扱った前章において、普通には犯罪として分類される、殺人、窃盗等が罪の除去の対象とされていたことがそのことを端的に物語っている。しかしながら、犯罪と倫理道徳的罪との間に本質的な違いがあることは当のブラーフマナが承知していたことであった。

犯罪は「世の中の刺《とげ》」（ローカカンタカ）と呼ばれる。この言葉が示すように、犯罪は本質的に罪の清めという個人的なレベルでの関心事ではなく、王と国家に係わる問題であった。すなわち犯罪は、本来、罪の除去の対象ではなく、王による刑罰の対象であったはずである。

『マヌ法典』は王と刑罰（ダンダ）の創造について語る。それによれば、人間社会は当初いたるところに恐怖と混乱がはびこっていた。創造主はこれを鎮め、人々を守護するために王を創造した。王は、インドラ、風神、ダルマの王ヤマ、太陽神、火神アグニ、司法の神ヴァルナ、月神、富の神という神々の中の王たちのそれぞれの要素を集めて造り上げられる。王はかれに授けられた威力によっていっさいの生き物を圧倒することが出来るのである。創造主は、さらに、王がその任務を遂行できるように「ダンダ」すなわち刑罰（逐語的には「杖、棒」を意味する）を創造した。ダンダ、刑罰は創造主自身の息子であり、いっさいの生き物の守護者でありかつまた正義であると謳われる。

王の主たる職務は「世の中の刺」をきれいに取り払うことであるが、刑罰はそのための強力な武器であった。『マヌ法典』は刑罰の第一の目的は犯罪の抑止であり、刑罰によって世界の安寧が得られるのであるという基本思想を次のように表現する。

全世界は刑罰によって統制される。なぜならば、潔白な人間は得難いからである。刑罰を恐れることによって全世界は享受に値するようになる。（七・二二）

しかしながら、刑罰の誤用は逆の結果をもたらす。『マヌ法典』は、刑罰は吟味され正しく行使されるときはすべての人々を幸せにするが、しかし吟味されずに用いられるときはすべてを滅亡させると警告する。王はこのことを熟慮して刑罰を課さねばならない。罰せられるべき人間を間違いなく罰し、罪なき者を罰してはならない。王の最も基本的な心構えないしはダルマとして重要視されたのは、感官の制御と感官の対象への無執着である。王に対するこの要求は、すべて刑罰の正しい行使と誤用の回避のためであったと言ってさしつかえない。

裁判と刑罰の宣告

刑罰は裁判を通して宣告される。それゆえに人民守護という王の第一の使命において、裁判は平時における最も重要な日常の職務のひとつであった。裁判に臨む王は、ブラーフマナとヴェーダを知る大臣（マントリン）を伴い、節度ある衣服と装身具を身に着け、心平静にして法廷（サバー）に入り、「ダルマの座」（ダルマアーサナ）に位置した後、世界の守護神に敬礼し、そして事件の審理に入る。王が自ら審理しないときは学識あるブラーフマナを代わりに任命する。かれは他に三人のブラーフマナの裁判官（サビヤ）を従え、座ってあるいは立ったまま王に代わって裁判を主宰する。

裁判を担当する者たちの第一の使命は、正義が不正義の刺《とげ》に突き刺されたために法廷に訴えてきた者の刺を抜き取ってやることである。もしこの使命にふさわしくないと自らが判断するときは裁判官として法廷に入るべきでなく、また法廷に入ったならば無言と嘘言は許されない。

審理は訴人のヴァルナの高い順に行なわれる。審理に際しては、あたかも猟師が血の滴《したた》りによって獣の足跡を辿るように、王は推論によって正義の足跡を辿ることが肝要であるとされる。真実、事件内容、王自身の利益不利益、証人、事件の起こった場所と日時、物の形などが吟味されるべき事項として列挙される。しかし審理に際してとりわけ重要な役割を演じ、審理そのものを左右したのは紛争当事者および証人の尋問であった。それにあたっては、かれらが見せる外部的な様相、すなわち声、顔色、挙動、表情、目、仕草によってかれらの内的な状態を洞察すべきであるとされる。

裁判は当然のごとくに正しい審判をもって終了すべきである。『マヌ法典』は、裁判官の面前において正義が不正義によって、真実が虚偽によって滅ぼされるならば、かれらもまた滅び去ることを警告し、裁判の本質を次のように述べる。

正義（ダルマ）は殺されれば殺す。正義は守護されるときは守護する。それゆえに、正義が殺されて我らを殺さないように正義を殺してはならない。（八・一五）

罪の除去と刑罰

犯罪は「世の中の刺」であり、刑罰はそのような刺のはびこるのを抑止することを目的としている。その性格は社会的である以上、犯罪と刑罰は倫理的な清めを目的とする罪の除去とは本来本質的に異なるものであった。また両者の取り扱いも、前者については王の法廷が、後者についてはブラーフマナの集会であるパリシャッドが管轄した。しかしながら、ブラーフマナが犯罪の領域にまで罪の除去を拡大した結果、罪の除去と刑罰の関係は曖昧になる。この拡大はすでにブラーフマナ時代において見出され、その領域はますます広められた。ダルマ文献の作者たちは、ブラーフマナによる犯罪と刑罰の領域への介入が問題を複雑にするであろうことを知っていたはずである。しかし少なくとも『マヌ法典』の時代までは、この問題がきれいに整理されて論じられるということはなかった。こうしたことは、古代インドのこの主題を扱うことを至極厄介なものとしている。

『マヌ法典』に先立つ『アーパスタンバダルマスートラ』（二・一〇・二一―一一・一）に

は、刑罰と罪の除去の関係についての興味ある記述が見出される。規範にしたがって生きる者たちが感官の弱さから道を外してしまったとき、懲罰者（師、パリシャッドもしくは適当なブラーフマナ）は犯した行為に相応しい罪の除去を規定にしたがって命じる。だがその命令に服さないときは、懲罰者はその者を王のところに送る。王は罪人がブラーフマナのときはダルマとアルタに通じる王付きのブラーフマナ、プローヒタの手に委ねる。プローヒタは罪の除去を指示し、その実行を体刑および奴隷的奉仕を除く手段を用いて強制する。罪人がブラーフマナでないときは、王自身が証人尋問あるいは神判（ダイヴァプラシュナ）によって審理し、死刑を含む刑罰を課する。ここに見られる罪の除去と刑罰、罪の除去を命じるブラーフマナないしはパリシャッドと王の法廷との関係は非常に明快である。しかしながら他のダルマ文献はこの種の記述を欠いており、これが統一された方法であったかどうかは不明である。

また『マヌ法典』は、王によって罰せられた者たちは汚れから解放され、善き人々と同じように天界に到達すると述べる。実際に、大罪マハーパータカに属する黄金泥棒の場合、泥棒が持参する棒で王が一撃を加えるという刑罰は同時に罪の除去でもあった。棒の一撃で殺されようと殺されまいと、泥棒は罪から解放されるとみなされた。ここには刑罰＝罪の除去という考え方のあったことが示唆されているが、しかしこれもまた統一された見解ではないようである。同じく大罪に関して、罪の除去をしない場合には特徴ある焼印を押された上に体刑と罰金が課せられること、罪の除去をした場合でも罰金、財産没収あるいは領国からの追放が刑罰とし追加されることから明らかである。

これらの記述を見れば、罪に対しては、①刑罰もしくは罪のいずれかが課せられるか、②罪の除去と刑罰の両方が課せられるかされたようである。そして前者の場合、刑罰にせよ罪の除去にせよ、それは同時に双方の機能を果たすとみなされたかのようであるが、常にそうであったか否かははっきりしない。いずれにせよ古代インドにおける罪の除去と刑罰の関係について何らかの結論を下すのは危険なようである。

刑罰の適用

一般則

『マヌ法典』は刑罰を分類し、軽い順に、①説諭（バーグダンダ）、②叱責（ディグダンダ）、③罰金（ダナダンダ）、④体刑（バダダンダ）の四種類を挙げる。実際には⑤として追放が加えられる。これらのうちで頻繁に登場するのは罰金と体刑である。前に述べたように、刑罰の第一の目的は犯罪の抑止であるが、罪人を「恐れ入らせる」（八・一三〇）ためにはこれらのすべてを用いることもあった。

罰金は最も一般的な刑罰であったようである。一応の基準として最低罰金、中位罰金および最高罰金の三段階があり、それぞれ二百五十パナ、五百パナ、千パナである。しかし実際にはこの分類どおりに罰金が課せられるわけでなく、さまざまな罰金額が適宜に命じられた。「パナ」はもっとも普通に使用される金銭単位であるが、『マヌ法典』によれば銅一カルシャ（＝一六マーシャ＝八〇クリシュナラ）の重さ（約九・四四グラム）に相当する。

体刑は、鞭打ち、四肢その他の身体部分の切断および死刑が主なものであった。死刑には串刺し、撲殺、焼殺その他さまざまの方法があったようであるが、死刑執行人はヴァルナ体制の最下層に位置するチャンダーラあるいはシュヴァパチャたちであった。かれらは王の命令によって罪人を殺し、死人の衣服、装身具、寝台等を手にした。

量刑にあたっては罪の除去と同じようにさまざまの状況が考慮された。動機、場所、日時、犯罪の内容、受刑能力、身分、家柄、人間の質、性別、未成年か成年か、加害者と被害者との人間関係、過失か故意か、初犯か再犯か等々である。身分すなわちヴァルナの違いが刑の軽重を左右することは大きな特徴のひとつであるが、身分が上であるほど刑は緩やかであった。とりわけ最上位のブラーフマナはブラーフマナ時代から体刑免除の特権を享受した。『マヌ法典』の作者は、ブラーフマナがいかに優越した存在であり、ブラーフマナを怒らせることがいかに王にとって恐ろしい結果をもたらすかを説いて、けっしてブラーフマナを怒らせてはならず、その身体を害してはならないことを主張する。『マヌ法典』の当時、ブラーフマナはすでに多様化していたが、ブラーフマナは苦行と学問によって蓄積した神的な威力を武器としており、ひとたびその武器を呪いとして用いれば何人もそれから逃げられないという古くからの信仰はなお健在であったようである。罰金が支払えないときは通常は労役に服さねばならないが、ブラーフマナのみは少しずつ支払っていくことが許される。とりわけ、ブラーフマナは死刑に相当する罪を犯しても、剃髪と全財産を所持しての国外追放の処分に服するのみでよかった。

刑罰適用の実例

前に述べたように、古くから犯罪はブラーフマナの罪観念において罪の除去の対象とされたが、それにもかかわらず、『マヌ法典』においては、王の使命についての関心の高まりとともに刑罰に関しての詳細なリストが提示される。一部の特定の犯罪についてはその罪の除去が例示されるが、大部分については罪の除去と刑罰との関係は不明のままに、刑罰のみが記述される。次には犯罪とそれに対応する刑罰の一覧表を示すことにするが、大部であっても網羅的ではないことを断っておきたい。罪の除去の欄の○印は、刑罰の他に罪の除去についての記述も見られることを表している。

罪		罪の除去	刑罰
王への反逆	絶えず王に敵対する		種々の刑罰によって殺す
	敵と共謀する		種々の刑罰によって殺す
	国庫を掠奪する		種々の刑罰によって殺す
	貯蔵庫、武器庫を掠奪		躊躇なく殺す
	王の象、馬、戦車を奪う		躊躇なく殺す
	城壁、城門を破壊する		追放
	濠《ほり》を埋める		追放
	大臣を堕落させる		死刑
	敵に利をなす		死刑
	王の布告を偽造する		死刑
殺人	ブラーフマナ殺し（および同罪とみなされる殺人）	○	(1)死刑 (2)罪の除去をしないとき 首無しの男の焼印を額に押す＋体刑＋罰金 (3)罪の除去をするとき

		女性殺し 子供殺し	○	①ブラーフマナ以外：最高罰金 ②ブラーフマナ：中位罰金あるいは家財道具を持たせて追放 (4)ブラーフマナ以外 ①過失：全財産没収 ②意図的：追放 死刑 死刑
暴行傷害		最下層者が上位人間に暴行 劣等の生まれの者が上位者に対して ①唾を吐きかける ②小便をかける ③放屁する ④頭髪、足、髭、首、睾丸を摑む		使用した四肢を切断 唇切断 ペニス切断 肛門を切り取る 両手切断

		皮膚を裂く		罰金100パナ
		肉を切る		罰金6ニシュカ（金24スヴァルナ）
		骨を折る		追放
		低位ヴァルナがブラーフマナに危害を加える		意図的：恐怖を与える責め道具で打ち据える
動植物に危害を加える	車による動物の殺傷	牛、象、駱駝、馬等の大型動物を殺す	○	泥棒に課せられる罰金の半額
		小家畜を殺す	○	罰金200パナ
		吉祥な鳥獣を殺す	○	罰金50パナ
		驢馬、山羊、羊を殺す	○	罰金5マーシャ
		犬、豚を殺す	○	罰金1マーシャ
		（ブラーフマナの）牛の鼻腔を裂く		即座に足半分切断
	植物を害する	いっさいの植物に危害を加える	○	植物の有用性に応じて罰金
		花、根、果実に危害を加える		値段の五倍の罰金

言葉による暴行	罵倒 侮辱	ブラーフマナを罵倒する		
		①クシャトリヤ		罰金100パナ
		②ヴァイシャ		罰金150あるいは200パナ
		③シュードラ		
		野卑な言葉で侮辱		体刑：舌切断
		悪意を持って名と生まれを口にする		十指の長さの熱した鉄の釘を口中に突き入れる
		高慢からブラーフマナにダルマを教える		熱した油を口と耳に注ぐ
		ブラーフマナが罵倒する		
		①クシャトリヤを		罰金50パナ
		②ヴァイシャを		罰金25パナ
		③シュードラを		罰金12パナ
		同一ヴァルナ同士		
		①通常		罰金12パナ
		②決して言ってはならないことを暴言する		罰金24パナ
		ブラーフマナとクシャトリヤが罵り合う		ブラーフマナ：最低罰金、クシャトリヤ：中位罰金

		母、父、妻、兄弟、息子、師を罵倒 「片目」「片輪」などの蔑称を使う		罰金100パナ 罰金最低1パナ
窃　盗	金属、宝石	黄金泥棒	○	(1)罪の除去をしないとき 犬足の焼印＋体刑＋罰金 (2)罪の除去をするとき ①ブラーフマナ以外：最高罰金 ②ブラーフマナ：中位罰金あるいは家財道具を持たせて追放 (3)ブラーフマナ以外 ①過失：全財産没収 ②意図的：追放
		金、銀、最上の布 ①100パラ以上 ②50パラ以上	○	体　刑 両手切断

	③50パラ未満 高価な宝石	○	値段の十一倍の罰金 体刑
寄託物	寄託物横領・詐取	○	①泥棒として処罰 ②寄託物に等しい罰金
人間	良家の男、女を掠奪	○	体刑
動物	大型の家畜を盗む ブラーフマナの牛、家畜を盗む		時と動機によって刑罰を決定 即座に足半分を切断
食料品	穀物 ①10クンバ未満	○	罰金5クリシュナラ 盗んだ量の十一倍の罰金＋持主に代価を支払う
	②10クンバ以上		体刑
	脱穀した穀物、野菜、果物、根	○	持主と無関係の人間：罰金100パナ、持主の関係者：罰金50パナ
	酵母、糖蜜、ヨーグルト、牛乳、脱脂乳、塩、油、澄ましバター、肉、蜂蜜、乳粥、料理	○	

	①使用の準備が終わっているとき ②それ以外		最低罰金 価格の二倍の罰金
その他の品物	井戸のつるべ、水桶 武器、薬草、農具 糸、綿、牛糞、水、草、竹 容器、土器、土、灰 花、灌木、蔓草、木火 昔掘られた貯水池の水		罰金1マーシャ＋元に戻す 時間、動機を考慮して量刑 価格の二倍の罰金 罰金5クリシュナラ 最低罰金 最低罰金
押し込み強盗	夜錠を破って家に押し込む 共犯(火、食料、武器、用具、隠れ家を提供する、盗品を預る)		両手切断して鋭い杭に串刺しにする ①主犯と同一の刑 ②死　刑
掏《す》摸《り》			①初犯：指二本切断 ②再犯：片手、片足切断

				③三回目：死刑
		物品詐取 他人の物品を許可なく売却		共犯者共に公開の体刑 ①血縁者：罰金600パナ ②それ以外：泥棒として処罰
器物破損		一般 皮、皮製品、木製品、土製品を破損する		弁償＋同額罰金 価格の五倍の罰金
損害	家畜による作物の損害	家畜が耕地を荒す ①牧夫がついている（耕地に囲いがある） ②牧夫がついている（囲いがない） ③耕地の所有主に過失がある ④畑の番人に過失がある		牧夫に対して罰金100パナ＋損害賠償 牧夫に対して罰金1.25パナ＋損害賠償 その耕地からの王の取り前の十倍の罰金 罰金は半額
	車の転覆による損害	①御者の未熟によって損害を与える		車の持主200パナ、同乗者全員100パナの罰金（所有主）

		②熟練の御者による転覆		御者が罰金を支払う（所有主）
破壊行為		貯水池破壊 給水場の破壊 水路の破壊 橋、旗、旗竿（ヤシュティ）、 神像の破壊 境界の破壊		①水中であるいは純粋の死刑で殺す ②修復＋最高罰金 罰金1マーシャ＋修復 最低罰金 修復＋罰金500パナ 身体の一部を切断
飲食物に関する罪	飲　酒	スラー酒を飲む	○	(1)罪の除去をしないとき 酒屋の旗印の焼印を押す＋体刑＋罰金 (2)罪の除去をするとき ブラーフマナ殺し当該項に同じ
性に関する罪	姦　淫	師の妻と交わる	○	(1)罪の除去をしないとき 女陰の焼印を押す＋体刑＋罰金

				(2)罪の除去をするとき　ブラーフマナ殺し当該項に同じ
		他人の妻と交わる	○	①恐怖を与える体刑＋追放 ②ブラーフマナ以外：死刑
		守られている妻と交わる		罰金500パナ
		シュードラ		
		①守られている上位ヴァルナの妻と交わる		死　刑
		②放置されている上位ヴァルナの妻と交わる		ペニス切断＋全財産没収
		ヴァイシャ		
		①守られているブラーフマナの妻と交わる		(i)シュードラと同一の扱いかあるいは干し草の火で焼かれる
		②放置されているブラーフマナの妻と交わる		(ii)一年の投獄＋全財産没収 罰金1000パナ

③守られているクシャトリヤの妻と交わる	罰金1000パナ
④放置されているクシャトリヤの妻と交わる	罰金500パナ
クシャトリヤ	
①守られているブラーフマナの妻と交わる	(i)シュードラと同一に扱われるか干し草で焼かれる (ii)罰金1000パナ＋驢馬の小便で頭を剃られる
②放置されているブラーフマナの妻と交わる	罰金500パナ
③守られているヴァイシャの妻と交わる	罰金500パナ
ブラーフマナ	
①守られているクシャトリヤ、ヴァイシャの妻と交わる	罰金1000パナ

	②守られていないクシャトリヤ、ヴァイシャ、シュードラの妻と交わる		罰金500パナ
	③最下層の男の妻と交わる		罰金1000パナ
	妻が親戚の良さを鼻にかけて夫を蔑《ないがし》ろにし他の男と交わる		①女：公開の場で犬に噛みつかせる ②男：熱した鉄の寝台の上で焼く
	前に告発されたことのある者が他人の妻と密会		最低額罰金
	告発された者が一年以内に再度告発される		罰金は二倍となる
禁止される女性と交わる	チャンダーラ女、ヴラーティヤ女と再度交わる	○	初犯の罰金の二倍（2000パナ）
処女を犯す	自分に愛情を持っていな	○	即座に死刑もしくは体刑

		い娘を犯す		
		愛情を持っている同一ヴァルナの娘を犯す		執着を断たせるために罰金200パナを課する
		傲慢《ごうまん》から犯す		両指切断＋罰金600パナ
	婦女を犯す	ブラーフマナが守られているブラーフマナ女性を力ずくで犯す		罰金1000パナ
	同性愛	少女同士の場合		罰金200パナ＋二倍のシュルカ（婚資）＋鞭打ち十回
		大人の女性と少女との場合		大人に対して、頭を剃るか指二本切断＋驢馬による引き回し
交際に関する罪		二十人が招かれる祝祭において向かい、隣を招待しない		罰金1マーシャ
		シュロートゥリヤが善きシュロートゥリヤを祝祭に招かない		罰金1マーシャ＋二倍の食べ物をシュロートゥリヤに与える

		贈物の約束の履行を強要する		①泥棒の罪の除去として金1スヴァルナの罰金を支払う ②罰金1スヴァルナ＋泥棒の罪の除去
虚偽の罪	偽　証	ブラーフマナが偽証	○	追　放
		ブラーフマナ以外		罰金＋追放
		貪欲から偽証		1000パナの罰金
		頭の混乱から偽証		最低罰金
		嚇《おど》されて偽証		中位罰金の二倍
		友情から偽証		最低罰金の四倍
		愛欲から偽証		最低罰金の十倍
		怒りから偽証		中位罰金の三倍
		無知から偽証		200パナ
		幼稚からの偽証		100パナ
	偽って娘を与える	狂人、非処女の娘を偽って与える		処罰の対象となる
契約違反		雇われて、病気でないのに仕事をしない		罰金8クリシュナラ

		貪欲から、村、地方、サンガ、ジャーティとの契約を破る		①追　放 ②罰金：6ニシュカおよび銀1シャタマーナ
		十日を過ぎてからの売買契約の解除		罰金600パナ
境界紛争		証人として呼ばれて、正確に境界を定めない		罰金200パナ
		標識について近隣者が偽りを言う		中位罰金
		家、貯水池、庭園、耕地を脅迫して自分の境界内に決める		罰金500パナ 過失の場合、罰金200パナ
人間に対する不当な扱い	見捨てるべきでない人間を見捨てる	祭主がリトゥヴィジュ祭官(家代々の祭官)を捨てる		罰金100パナ
		リトゥヴィジュが祭主を捨てる	○	罰金600パナ
		パティタでない母、父、妻、息子を捨てる		罰金100パナ

	その他	師に道を譲らない		罰金100パナ
		ウパナヤナを終えた人間をかれの意志に反して召し使い同然に使う		罰金600パナ
その他		税関をすり抜ける		八倍の罰金
		博打、賭け事に耽《ふけ》る		王は望みどおりの刑罰を課する
		禁止されているのに祭に出かけて酒を飲む、見せ物や集まりに出かける妻		罰金6クリシュナラ
		追い剝ぎを見つけながら最善を尽くして駆けつけない		身の回り品を持たせて追放
		公道での排泄 ①切迫していないとき		罰金2パナ+後始末
		②切迫しているとき、老人、妊婦、子供		叱責+後始末
		魔術、根その他による呪術		罰金200パナ

犯罪の監視

先に述べたように、古代インドにおいては、犯罪の抑止力の第一は刑罰であると信じられていた。しかしながら、犯罪を未然に探知し、これを摘発する手段として特徴的なのは密偵（チャーラ）の活用である。王はしばしば「密偵を目とする者」と呼ばれるが、この言葉は、いかに密偵による監視網が国内に張り巡らされ、治安の保持に利用されていたかを窺わせる。

『マヌ法典』は、窃盗、姦淫、誹謗、暴行そして殺意を持っての襲撃を国家にとっての五悪とみなす。中でも窃盗は古来一貫して治安上もっとも重大視されてきた犯罪の筆頭である。そして『マヌ法典』の作者にとって、窃盗は文字どおりの窃盗のみを意味しない。正真正銘の泥棒あるいは盗賊はもとより、他人の財産を騙《だま》し取る者もまた盗人とみなされた。賄賂を取る裁判官や役人、詐欺師、賭博師、いんちき占い師、不正に金もうけをする医師、手抜きをする職人あるいは手練手管で金を巻き上げる遊女たちなどがそうであった。かれらの摘発には、かれらの同業者や仲間あるいは元盗賊などが密偵として働き、またさまざまに変装した密偵が送り込まれた。

しかしながら、もっとも頭を痛めたのは、集団化した強盗あるいは泥棒一味の根絶であったようである。『マヌ法典』は特にこの主題に関連して密偵の活用を説く。かれらは、集会場、給水場、菓子屋、遊女屋、酒屋、食い物屋、四つ辻、信仰されている樹木、祝祭の集まり、劇場、古い庭園、荒地、職人の店、空き家、森、公園といった場所によく出没し、あるいは隠処《かくれが》としていた。それらの場所には兵を駐在または巡回させ、あるいは密偵を配置するように勧告される。密偵たちはそれとおぼしき人物、あるいは不穏な動きを見張り報告したであろうが、それだけではない。ときにはかれらと交わり、信頼させては仲間となってかれらの組織に潜入し、そして御馳走を振る舞うとかブラーフマナに会わせるとか、あるいは武芸大会などのさまざまな口実を設けては一味を巧みに誘い出し、かれらを一網打尽にする手引をした。

犯罪の摘発に関係して密偵が言及される例は実際には少ない。他には僅かに寄託物の返還をめぐる紛争に関連してである。この紛争が裁判に持ち込まれ、証人がいないという場合、裁判官は密偵を使うことを勧められる。このケースにおいては、密偵は金を預ったと訴えられている人間に実際に金を預け、そして返還を求める。もしも金が預けられたときと同じ仕方で、約束どおりに返還されれば彼は無実と判断され、そうでないときはかれは有罪と断定される。こうした利用のされ方から見ても、おそらく密偵はほとんどあらゆる種類の犯罪の探知と摘発に係わったであろうことを推測させる。アルタシャーストラ系の書を見れば、貨幣の偽造とかあるいは姦淫とかの摘発に密偵が用いられたことが知られる。『マヌ法典』においては、密偵についてこれ以上に詳しく語られることはないが、この主題は、本来は、王を対象にして政治論を展開するアルタシャーストラ系統の書に属する。それらによれば、密偵の活動分野はかなり広く、単に犯罪の探知にとどまらない。密偵は、他にも、国内の不満分子を看破し、また対外政策におけるさまざまの策謀を実践することを重要任務とした。たとえば前者については、王宮内の大臣やその他の高官、諸役人、兵士、後宮の女たち、そして王の親族らを監視し、かれらの腹の内や考えあるいは行動のいちいちについて情報収集する。また後者については、密偵は敵国に送り込まれ、敵国内の不満分子を嗅ぎつけてはかれらを味方に引き入れ、かれらの王への反抗を唆《そそのか》した（『カウティリーヤアルタシャーストラ』一・一一─一四）。

密偵がどのように組織化されていたかははっきりしない。『カウティリーヤアルタシャーストラ』（一・一一─一二）は、密偵を定住しているものと移動して歩くものとに分類する。前者はいわば元締《もとじめ》的な存在であり、後者はその手下であったようである。元締は一箇所に居所を構え、表向きは僧や苦行者を装い、あるいは家長として農耕に従事したり商いを営んだりしているが、国から金を貰いそれによって手下を動かしていた。かれらの手下として働いた密偵は、孤児から密偵として養育、訓練された者たちや、辺地出身で命知らずの男、親族にすら毒を盛る冷血漢、あるいは尼僧を装う女たちであった。

密偵たちは、元締同士であれ、かれらの手下たちであれ、互いに素性を明かすことはなかった。複数の密偵が同時に活動する場合でも、かれらはお互いが密偵であることを知らされなかった。そしてかれらによって伝えもたらされる情報は、互いに符合するときに信頼がおかれた。

あとがき

『マヌ法典』ほ、「まえがき」において述べたようなインド世界における本来の役割とは別に、サンスクリット文学一般の古典としてインドの内外において大きな名声を博してきた。近代ヨーロッパにおける古典インド文化の紹介は主としてサンスクリット文学の翻訳を通して進められたが、『マヌ法典』はヨーロッパ言語に翻訳されたもっとも初期の作品のひとつである。東インド会社で唯一サンスクリット語を解したチャールズ・ウィルキンスによって『バガヴァッドギーター』(一七八五)および『ヒトーパデーシャ』(一七八七)が相次いで翻訳出版されたのに続いて、最高裁判所の判事としてカルカッタに赴任したウィリアム・ジョーンズは、ウィルキンスとインド人パンディットからサンスクリット語を学び、一七八九年にカーリダーサの『シャクンタラー』を、次いで一七九四年に『マヌ法典』の英訳を公刊した。

しかしながら、ダルマシャーストラ一般の研究は、インド古典文化の探求というよりは、むしろ主として、イギリスによる植民地政策の必要から、土着の法律書の発掘、研究という形で進められた。このことは確かにこのジャンルの研究を促進したが、他面、法律的な内容を遥かに越えるインドの古法典の全体像、真実の姿を捉えることを阻害した。そしてインドの独立によってインドの法体系が近代ヨーロッパのそれに置き換えられる動きが高まるにつれて、ダルマシャーストラの研究それ自体が衰退していった。この衰退状況は現在においてもなお改善されていない。この状態から抜け出せるとすれば、それはダルマシャーストラが法律のみの文脈から解放され、長大な歴史を有するインド古典期あるいはヒンドゥー世界の社会体制、価値観、人生観、行動と生活の全般に係わる一大文献資料として捉えなおされるときであろう。

参考文献

「ダルマ」は、間違いなく、長大な歴史を有するインド文明、伝統社会における中心概念のひとつ、最も重要な概念のひとつであるが、残念ながらこれまでこれを研究課題とする研究者はなかなか出てはこなかった。このことを断りながら、これまでのダルマに関係する研究に目を向ければ、ダルマシャーストラに関する最大にして最良の参考文献は、

P. V. Kane, History of Dharmaśāstra (Ancient and Medieval Religions and Civil Law in

India), 5 Vols., Poona, 1930–62

である。著者のカネーはボンベイの高等裁判所の判事であると同時に、古典インド文化のほとんどあらゆる分野に精通し、学問を志している人間に対して授けられる最大の称号「マハーマホーパディヤーヤ」(偉大なる大教授)すなわちナショナルプロフェッサーを肩書に持つ。右の書は、インド最初期のヴェーダ文献およびダルマシャーストラ文献を中心として関連する膨大な諸文献を渉猟し尽くした、人々の社会生活に関する文字どおりの百科全書を構成する。必携の書である。

しかしながらカネーの書は、ダルマシャーストラの全体像を通覧するには大きすぎて不便かもしれない。その意味では、

R. Lingat, Les sources du droit dans le système traditionnel de l'Inde, Paris, 1967 ;
(Eng. Trans. : J. D. M. Derrett, The Classical Law of India, Berkeley, 1973)

が最適である。その他、

J. D. M. Derrett, Religion, Law and State in India, London, 1968
中野義照『インド法の研究』日本印度学会、一九七四
山崎利男「ヒンドゥー法」『中世史講座』四、学生社、一九八五、三八五―三九九

が推奨される。

『マヌ法典』に関する参考書としては、

G. Bühler, The Laws of Manu, translated with extracts from seven commentaries, Oxford, 1886 (Sacred Books of the East 25)

がまず挙げられる。この書は、およそ十二、三世紀のクッルーカの注釈を底本にした翻訳であり、訳書としては最も定評がある。しかしながら、注釈者と原典との間には大きな時間の隔たりがあり、必ずしも注釈者の解釈が原典の真意を伝えるものとは限らない。注釈書は、原則として、原典を素材として作られた注釈者自身の世界の展開であるとみなす必要がある。したがって、右のビューラーの翻訳を直ちに紀元前後に編纂された『マヌ法典』の翻訳であると速断してはならない。またこの訳書の大きな貢献は、序論において『マヌ法典』の成立に関して詳細に論じ、補遺において、同法典に先行するダルマスートラ文献および同法典と密接な関係を有する叙事詩『マハーバーラタ』との平行テキストを一覧表にして示したことである。この表を見れば、『マヌ法典』がいかなる点において伝統を継承し、いかなる点において独創性を有したかが一目瞭然である。

またさらに、ヴェーダ、ダルマスートラ、ダルマシャーストラ期を通じてのダルマ概念の展開について非常にわかりやすく解説するものとして、井狩彌介「インド法典と「ダルマ（dharma）」概念の展開―ヴェーダ期、ダルマスートラを中心に―」（RINDAS伝統思想シリーズ1、二〇一一年）、井狩彌介「ダルマと王権―ダルマシャーストラにおけるダルマ概念拡張―」（RINDAS伝統思想シリーズ2、二〇一一年）を挙げておきたい。

『マヌ法典』の日本語訳としては、渡瀬信之訳『マヌ法典』（平凡社、東洋文庫842、二〇一三年）が一般的であるが、巻末に記された「解題」もダルマシャーストラに関する一般解説として勧めたい。現時点で最も手軽にマヌ法典をひもとける訳書として最適である。

また本書『マヌ法典　ヒンドゥー教世界の原型』においても、平凡社の翻訳書においても焦点が充てられなかったが、ダルマシャーストラがイギリス統治下においてどのような役割を果したか、ダルマシャーストラ研究はどのようであったかについての参考文献として、渡瀬信之「イギリス統治下におけるヒンドゥー法整備と問題の所在―近古ヒンドゥー法典に見られる法解釈の基本姿勢―」（RINDS伝統思想シリーズ6、二〇一一年）を挙げておきたい。

その他ダルマシャーストラに関する文献目録を紹介しておきたい。

J. Gilissen (ed.), Introduction bibliographique à l'histoire du droit et à l'ethnologie juridique, E/6 : droit hindou ancien (par L. Rocher), Bruxelles, 1965

L. Sternbach, Bibliography on Dharma and Artha in Ancient and Mediaeval India, Wiesbaden, 1973

山崎利男『アジア歴史研究入門』五、同朋舎、一九八四年、一一九二

なお本書では、『マヌ法典』を貴重な歴史的文献として、正確かつわかりやすく伝えるように努めた。

一九九〇年二月

渡瀬信之

〔追記〕本文庫に再録するにあたり、旧稿を一部改稿した。二〇二四年一一月。

法蔵館文庫版での再刊にあたって

ダルマは長大なインド文明とその伝統社会における中心思想のひとつとして重要であるが、あとがき参考文献に記したように、これを研究課題とする研究者は国の内外共に少ない。また、ダルマの中心に位置するマヌ法典についても、状況は同じであった。日本においては、マヌ法典の日本語訳は、これまで田辺繁子『マヌの法典』（岩波文庫、一九五三年）と渡瀬信之『マヌ法典』（平凡社、東洋文庫、二〇一三年）があるが、マヌ法典そのものの解説書は本書あるのみで、その後の出版は見られない。

本書は最初中央公論社「中公新書」として一九九〇年（平成二）に出版され、幸いに多くの人によって読まれてきたが、現在は絶版の状態であった。このたび法蔵館から「法蔵館文庫」として再出版したいというありがたい申し出を受け、喜んでお願いすることとなった。とりわけ、マヌ法典のこれまでの出版物で気になっていた事項の改訂機会を得ることが出来たからであった。

再刊にあたっての最も重要な改訂は「贖罪」という語を「罪の除去」に置き換えたことである。ヴェーダ＝ダルマの世界における重要観念のひとつである罪の清めについて、これまで罪の清めを言い表すサンスクリット語プラーヤシュチッタ（prāyaścitta）に対して使用されてきた訳語は「贖罪」であった。しかし少なくともダルマ文献においては罪を「償う」という観念は見当たらない。罪は実体化され、取り除かれるべきものであり、罪を犯したら罪という汚れ、付着物を除去し、そして心身を清めるのである。このことから本書では、これまで使われてきた「贖罪」を「罪の除去」に置き換えている。中公新書版の出版は一九九〇年であるが、実はその後一九九五年に発表した論文「ヴェーダ＝ダルマ世界における罪と浄不浄」（渡瀬信之、インド思想研究7）において、罪の実体視について論じている。

いま一つの改訂は、「バラモン」をサンスクリット原語の「ブラーフマナ」に置き換えたことである。両語はともにヴァルナ体制のトップに位置する階層を指すものとして重要な語であるが、バラモンは仏典でブラーフマナの語が「婆羅門」と音写され、それが「バラモン」と転写されたものであることから、再刊にあたって元の本来の呼び名であるブラーフマナを用いることにした。

こうしたことの改訂はもとより、上で記したように、ダルマは長大な歴史を有するインド文明の重要な中心概念の一つであるが、残念ながら人々の関心は大きなものではない。このことから、専門家だけでなく、一般の人たちに少しでもこのインド文明の重要な中心概念の概要について知ってもらいたく、このたびの再刊は非常にありがたいものであった。本書出版を勧めてくださった法藏館、そして編集部の上山靖子さんに厚く御礼を申し上げたい。

二〇二四年一二月

著　者

渡瀬信之（わたせ　のぶゆき）
1941（昭和16）年、秋田県に生まれる。1968年京都大学大学院文学研究科梵語梵文学博士課程中退、東海大学名誉教授。専攻は、インド古典文化史、ダルマシャーストラ研究。
主な論文に、「ヴェーダ＝ダルマ世界における罪と浄不浄」（『インド思想史研究』7、インド思想史学会、1995）、「ブラフマニズム社会の再編」（RINDAS 8、龍谷大学現代インド研究センター、2012）、訳書に、『ヤージュニャヴァルキヤ法典』（共訳、東洋文庫、平凡社、2002）、『マヌ法典』（東洋文庫、平凡社、2013）がある。

マヌ法典《ほうてん》
ヒンドゥー教《きょう》世界《せかい》の原型《げんけい》

二〇二五年二月一五日　初版第一刷発行

著　者　渡瀬信之
発行者　西村明高
発行所　株式会社 法藏館
京都市下京区正面通烏丸東入
郵便番号　六〇〇-八一五三
電話　〇七五-三四三-〇〇三〇（編集）
〇七五-三四三-五六五六（営業）

装幀者　熊谷博人
印刷・製本　中村印刷株式会社

ISBN 978-4-8318-2690-9　C1110

法蔵館文庫既刊より

価格税別

さ-2-1
アマテラスの変貌 中世神仏交渉史の視座 佐藤弘夫著

童子・男神・女神へと変貌するアマテラスを手掛かりに中世の民衆が直面していたイデオロギー的呪縛の構造を抉りだし、新たな宗教コスモロジー論の構築を促す。

1200円

い-1-1
地獄 石田瑞麿著

古代インドで発祥し、中国を経て、日本へとやってきた「地獄」。その歴史と、対概念として浮上する「極楽」について詳細に論じた恰好の概説書。解説＝末木文美士

1200円

い-2-1
アニミズム時代 岩田慶治著

森羅万象のなかにカミを経験する。その経験の場とは。アニミズムそしてシンクロニシティ空間論によって自然との共生の方法を説く、岩田アニミズム論の名著。解説＝松本博之

1200円

や-1-1
宗教とは何か 現代思想から宗教へ 八木誠一著

理性と言語による現実把握の限界をどう超えるか。ニーチェの生の哲学から実存主義、さらには京都学派の哲学までを総覧し、現代人のための宗教に至る道筋を鮮やかに指し示す。

1300円

か-2-1
インド人の論理学 問答法から帰納法へ 桂紹隆著

インド人の思考法は、観察から法則を導き出す帰納法的思考であった。事実に基づく論証法がインドでどのように展開したのか。その淵源を仏教の縁起の教えに見出した名著。

1300円

た-2-1

悟りと解脱

宗教と科学の真理について

玉城康四郎著

徹底した禅定実践と学問研鑽によって仏道を求め、かくして到達したブッダの解脱に基づき、一切の枠組みを超えた真理を究明する。稀有の求道者の最後の書。解説＝丘山　新

1000円

さ-3-1

ブッダとサンガ

〈初期仏教〉の原像

三枝充悳著

一人のブッダから多くの仏が生まれたのはなぜか。サンガはどのように成立したのか。仏教の根本問題を論旨明快な叙述で解きほぐす、恰好のインド仏教史入門。解説＝丸井　浩

1100円

ア-2-1

英国の仏教発見

フィリップ・C・アーモンド著
奥山倫明訳

19世紀の英国人らによる仏教表象を分析し、西洋近代において、仏教が称賛や蔑視を交えながら「創造」されていく過程を、オリエンタリズムと宗教をめぐる観点から解明。

1300円

す-1-1

東洋の合理思想

末木剛博著

インド仏教、中国仏教、中国古典に形式論理を見いだし、西洋思想とは異なる、非自我的な「楕円思考」を東洋の合理思想の根幹として解明する。野矢茂樹氏の解説も再録。

1200円

か-3-1

増補 菩薩ということ

梶山雄一著

迷いと悟りの世界を生きる菩薩の存在は、大乗仏教の真髄である。大乗仏教がめざした人間像を探究しつづけた著者が最終的に到達した菩薩像と、その生き方とは。解説＝桂紹隆

1000円

な-1-2

祭祀と供犠

日本人の自然観・動物観

中村生雄著

動物を「神への捧げもの」とする西洋の供犠との対比から、日本の供養の文化を論じ、殺生・肉食の禁止と宗教との関わりに新たな光を当てた名著が文庫化。解説＝赤坂憲雄

1500円

記号	タイトル	サブタイトル	著者	内容	価格
ぎ-1-1	現代語訳 南海寄帰内法伝	七世紀インド仏教僧伽の日常生活	義浄撰 宮林昭彦 加藤栄司訳	唐の僧・義浄が7世紀のインドでの10年間にわたる留学生活で見た僧侶の衣・食・住の実際とは。「戒律の実際を知る第一級資料」の現代語訳。原書は、鈴木学術財団特別賞受賞。	2500円
こ-1-1	神々の精神史		小松和彦著	カミを語ることは日本人の精神の歴史を語ることなのだ。竈神や座敷ワラシ、酒吞童子、ものくさ太郎に、山中の隠れ里伝承など、日本文化の深層に迫った妖怪学第一人者の処女論文集。	1400円
う-1-1	日蓮の女性観		植木雅俊著	仏教は女性蔑視の宗教なのか？ 仏教史における男性観、女性観の変遷。『法華経』における提婆達多と龍女の即身成仏を通して検証し、また男性原理と女性原理について考える。	1300円
お-2-1	来迎芸術		大串純夫著	阿弥陀来迎図や六道図等の美と信仰のあり方を、浄土教美術に影響を与えた『往生要集』の思想や迎講・仏名会等の宗教行事から考証。解説＝須藤弘敏	1200円
に-1-1	仏教文化の原郷	インドからガンダーラまで	西川幸治著	伽藍、仏塔、仏像、都市、東西文化交流……近代以降、埋もれた聖跡を求めて数多行われた学術探検隊による調査の歴史をたどりつつ、仏教聖地の往事の繁栄をたずねる。	1400円
お-3-1	忘れられた仏教天文学	一九世紀の日本における仏教世界像	岡田正彦著	江戸後期から明治初、仏教僧普門円通によって体系化された仏教天文学「梵暦」。西洋天文学の手法を用い、須弥界という円盤状の世界像の実在を実証しようとした思想活動に迫る。	1300円

は-2-1

古代インドの神秘思想

初期ウパニシャッドの世界

服部正明 著

最高実在ブラフマンと個体の本質アートマンの一致とは何か。生の根源とは何かを洞察する古代インドの叡知、神秘思想の本質を解明する最良のインド思想入門。解説＝赤松明彦

1100円

さ-3-2

縁起の思想

三枝充悳 著

縁起とは何か、縁起の思想はいかに生まれたのか。そして誰が説いたのか。仏教史を貫く根本思想の起源と展開を探究し、その本来の姿を浮き彫りにする。解説＝一色大悟

1400円

さ-5-2

死者の結婚

慰霊のフォークロア

櫻井義秀 著

人間社会は結婚をどのようなものとして考え、儀礼化してきたのか。東アジアの死者に対する結婚儀礼の種々の類型を事例に、その社会構造や文化動態の観点から考察する。

1300円

お-5-1

涅槃経入門

横超慧日 著

釈尊最期の教えを伝える『涅槃経』の成立過程や思想内容をわかりやすく解説した好著。日本の仏教にも多大なる影響を与えた『涅槃経』の真髄とは何か。解説＝下田正弘

1200円

に-2-1

仏教について

西谷啓治 著

宗教哲学的思索の土台の上、広く深い視界から現代世界において仏教が抱える問題をやさしい言葉で丁寧にわかりやすく語る。七〇歳代の西谷が語った講演の記録。解説＝氣多雅子

1200円

あ-3-1

仏教と陽明学

荒木見悟 著

諸思想が交錯する明代の思潮を解きほぐし、陽明学とは何かを闡明するとともに、高僧たちの個性的な思想を活写して明末仏教思潮を浮き彫りにする。解説＝三浦秀一

1100円

い-1-2

浄土教の展開　石田瑞磨著

インド・中国の浄土教を概観した上で、日本における浄土教の展開を、教理的観点から分析するとともに、社会一般の情勢とも関連づけて評価した恰好の概説書。解説＝梯　信暁

1500円

か-8-1

法華とは何か　『法華遊意』を読む　菅野博史著

吉蔵の『法華遊意』は、自身の法華経研究の精髄を簡潔に整理した綱要書。本書はその全文講読。現代語訳を段落ごとに掲げ、訓読文と注を付すとともに、明解な本文解説を施す。

1800円

た-9-1

近世日本の国家権力と宗教　高埜利彦著

圧倒的な国家権力はいかに形成されたのか。近世の歴史を描くうえで、今や欠かすことのできない、天皇・朝廷、神道・修験道・陰陽道などの研究に先鞭を付けた画期的論考。

1600円

た-10-1

教行信証の哲学　武内義範著

親鸞の主著『教行信証』をヘーゲルなど西洋哲学の知識を駆使して初めて哲学的に読み解き、親鸞思想を「哲学」として知らしめた宗教哲学の名著。解説＝石田慶和・岩田文昭

1100円

み-4-1

実学思想の系譜　源了圓著

幕末志士らの行動の源泉ともなった実学思想の江戸中期から明治中期に及ぶ展開を辿り、維新遂行や迅速な近代化の遠因を鮮やかに解き明かした思想史学の名著。解説＝大川　真

1400円

わ-2-1

マヌ法典　ヒンドゥー教世界の原型　渡瀬信之著

信仰と生活実践が不可分であるヒンドゥー教。今日も社会体制や人々の価値観と生活の深層部に影響を与えるヒンドゥー教世界の原型たる『マヌ法典』を、わかりやすく紹介。

1100円